JN269793

英語の決算書を読むスキル

ACCOUNTING IN THE ENGLISH LANGUAGE

海外企業のケーススタディで基礎と実践をおさえる

KOICHI OTSU
大津広一

ダイヤモンド社

英語の決算書を読むスキル
ACCOUNTING IN THE ENGLISH LANGUAGE

目次

プロローグ 会計は英語のほうがラクに覚えられる……7

第1章 H&M
高収益の小売ビジネスを「PL&BS」から読み解く

ケース・オープニング……20
Case Opening

STEP1 企業のビジネスを想像する……22
Imagine the Company

STEP2 企業の決算書を入手する……25
Obtain the Financial Statements

STEP3 企業のゴールを理解する……27
Understand the Goal of the Company

STEP4-1 損益計算書の構造をつかむ……30
Grasp the Basic Structure of the Income Statement

STEP4-2 H&Mの損益計算書を読む……36
Read H&M's Income Statement

STEP5-1 貸借対照表の構造をつかむ……44
Grasp the Basic Structure of the Balance Sheet

STEP5-2 H&Mの貸借対照表を読む……51
Read H&M's Balance Sheet

ケース・クロージング……66
Case Closing

第2章 ArcelorMittal
巨大鉄鋼メーカーの「会計指標」を分析する

ケース・オープニング……76
Case Opening

STEP1 「5つの力」で業界構造をつかむ……78
Analyze the Five Competitive Forces

STEP2 会計指標を分析する……82
Analyze the Financial Ratios of the Company

STEP3 「百分率財務諸表」をチェックする……103
Check Common-Size Financial Statements

ケース・クロージング……108
Case Closing

第3章 Blockbuster
経営破綻の予兆を「CF計算書」から察知する

ケース・オープニング……114
Case Opening

STEP1 企業の持続性を判断する……117
Read Corporate Sustainability

STEP2 キャッシュフロー計算書を読む……124
Read the Cash Flow Statement

ケース・クロージング……**139**
Case Closing

第4章 | Apple
驚異の成長スピードを「成長率計算」で測定する

ケース・オープニング……**148**
Case Opening

STEP1 「成長率計算」で成長スピードを測る……**150**
Measure Growth with % Change Calculation

STEP2 「成長率計算」の弱点を補う……**169**
Supplement Weaknesses of % Change Calculation

ケース・クロージング……**177**
Case Closing

第5章 | Walt Disney
複合企業の多角化を「セグメント情報」でつかむ

ケース・オープニング……**182**
Case Opening

STEP1 事業セグメント情報の読み方を学ぶ……**185**
Learn to Read Business Segment Information

STEP2 各事業セグメントのROAを分解する……**193**
Break Down Segment Return on Assets

4

ケース・クロージング……**204**
Case Closing

第6章 | **Amazon.com**
9ステップで英語の決算書を読んでみる

ケース・オープニング……**210**
Case Opening

STEP1 Amazonのビジネスを想像する……**212**
Imagine the Company, Amazon.com
↓
STEP2 Amazonの決算書を入手する……**214**
Obtain the Financial Statements
↓
STEP3 Amazonのゴールを理解する……**214**
Understand the Goal of the Company
↓
STEP4 大局観と優先順位を持って決算書を読む……**215**
Read the Financial Statements with a Big Picture and Prioritization
↓
STEP5 会計指標を分析する……**222**
Analyze the Financial Ratios of the Company
↓
STEP6 「百分率財務諸表」をチェックする……**235**
Check Common-Size Financial Statements
↓
STEP7 キャッシュフロー計算書を読む……**238**
Read the Cash Flow Statement
↓
STEP8 「成長率計算」で成長スピードを測る……**245**
Measure Growth with % Change Calculation
↓
STEP9 事業セグメント情報を読む……**249**
Read Business Segment Information

ケース・クロージング……252
Case Closing

あとがき……259

ブレイクタイム
Tips on Accounting in English

1. まぎらわしい言葉を整理しよう……17
2. 数字にまつわる言い方を覚えよう……72
3. これだけは覚えておきたい会計用語(PL編)……111
4. これだけは覚えておきたい会計用語(BSの左側編)……143
5. これだけは覚えておきたい会計用語(BSの右側編)……179
6. 洗練された英語表現を身につけよう(動詞編)……207
7. 洗練された英語表現を身につけよう(表現編)……256

プロローグ
会計は英語のほうがラクに覚えられる
Prologue

　これまでビジネススクールや企業内研修で、数多くの学生・社会人に会計を講義してきました。会計とかアカウンティングと聞くと、苦手意識を感じてしまう人が多いようです。本書を手にされたあなたは、いかがでしょうか。
　講義をしていて、時折ふと思うことがあります。
「あぁ、会計を難しくしているのは、日本語なんだな」
「英語で会計を学んでいれば、こんなことはすぐわかる話なのに……」
　こう言うと意外に思われる方も多いでしょうから、まずは設問で例を示してみましょう。

　[設問] あなたは文房具店を営んでいます。今月は80円のペンを4本仕入れて、合計320円を支払いました。そのうち、今月は3本のみ販売しました。1本100円で販売し、合計300円を現金で受け取りました。下の空欄を埋めるかたちで今月の損益計算書（PL）を作成してください。

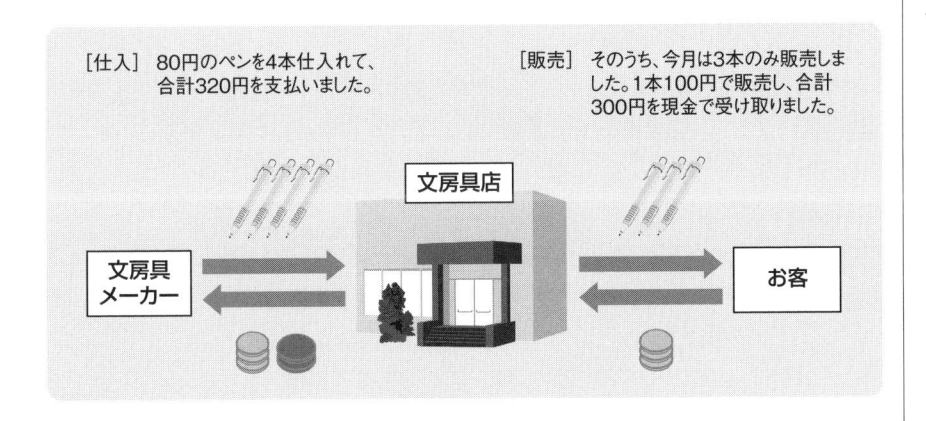

[仕入] 80円のペンを4本仕入れて、合計320円を支払いました。

[販売] そのうち、今月は3本のみ販売しました。1本100円で販売し、合計300円を現金で受け取りました。

損益計算書	売上高	
	（売上原価）	
	売上総利益	

[解答]「3本のペンを売って300円入ってきたんだから、売上は300円だよね。でもペンは4本買って320円払ったんだから、その分は売上原価として引いて−320円。この文房具店は、今月は20円の赤字だな」

損益計算書	売上高	300
	（売上原価）	▲320
	売上総利益	▲20

じつはこの設問は、私が受講生によく問いかけるものです。ビジネス経験のない学生だけではなく、20年間ビジネスの最前線で活躍してきたビジネスパーソンも含めて、10人のうち7人は答えを間違えてしまいます。

もし、あなたの答えが上に示したものだと、残念ながら7人のうちの1人としてカウントされます。上記の思考も解答も、会計の世界では誤りです。

では、本当の正解はどうなるのでしょうか。同じ設問を、今度は英語でやってみましょう。

[Quiz] You purchased four pens at 80 yen each this month. You paid 320 yen in total. You only sold three pens this month. Each pen is priced at 100 yen, therefore you received 300 yen. Please complete your monthly Income Statement (P&L) below.

Income Statement	Sales	
	(Cost of Goods Sold)	
	Gross Profit	

[解答]「3本のペンを売って300円入ってきたんだから、Sales（売上高）は300円だよね。それからCost of Goods Soldは、「売れた分（Sold）のグッズ（Goods）のコスト（Cost）」っていうことだから、売れた3本分のペンのコスト、つまり240円ということか。今月は60円の黒字だな」

Income Statement	Sales	300	（¥100×3 pens）
	(Cost of Goods Sold)	-240	（¥80×3 pens）
	Gross Profit	60	

「売上原価」という言葉は、なんと難しい表現かといつも思います。数字アレルギーのある方に対して、会計の世界では、ダメ押しのようにわかりにくい言葉がたくさん登場してきます。まるで「わかる人だけついてくればいい」とでも言うように。

英語で売上原価は「Cost of Goods Sold」と言います。

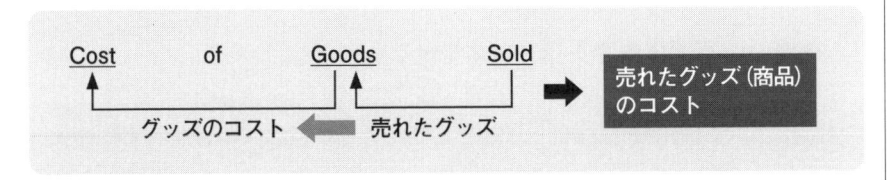

<u>Cost</u>　　of　　<u>Goods</u>　　<u>Sold</u>　→　売れたグッズ（商品）のコスト
　↑_____|　　　↑_____|
　　グッズのコスト　　　　売れたグッズ

売上原価と言われてピンと来ない人でも、「Cost of Goods Sold」と言われてわからない人はいないはずです。そのまま読んで「売れたグッズのコスト」。つまり、売れた3本分のペンのコストとして、240円となるのです。「Cost of Goods Purchased」（買ったグッズのコスト）ではないのですね。

売上原価という言葉も、よくよく見ると、「売り上げた分の原資となっている価値」、つまり「Cost of Goods Sold」という表現になっていることに気づきます。でも、漢字をじっくりと見ればようやくわかる話であって、口頭で言われてすぐに理解できるものではないですね。

ちなみに、日本語の損益計算書ではマイナスを「▲」と記しましたが、英語では「－」としたことに気づきましたか。マイナスを▲で表記するのは、日本だけです。海外では「－」、あるいは（　）で括ってマイナスを表します。

「なぜ支払った4本分のコストではなく、売れた3本分のコストのみを原価に入れるのだろう？」

この質問がすでに思い浮かんでいる方は、会計のセンスがあります。損益計算書の目的は、その名前のとおり、損益を明らかにすることにあります。英語もProfit & Loss、つまり利益なのか損失なのか、といった表現です。そこで、売上原価には、売れた本数のみにマッチするコストを記しましょうという考えに至ります。入ってくるものと出ていくものをできるだけマッチングすることで、期間の損益が明らかになるわけです。

　この考え方を、英語では「Matching Principle（マッチングの原則）」と言います。日本語では「費用収益対応の原則」となります。こんな言葉1つをとっても「会計は英語で学びたい」と思えてきませんか？

英語の決算書は中学英語でマスターできる

「英語なんて、大学入試以来、まともにやったことないですよ」。そうおっしゃる方は、グローバル化の波にさらされることなく、ここまで順風満帆に社会人生活を送ってこられた幸運な方なのかもしれません。でも本書を手にとってくださったということは、そうでもなくなってきたのでしょうか。

　そう難しく考えることはありません。私がここまで使った英単語を並べてみます。**大学入試まで英語を学んだ方なら十分すぎるほど簡易な言葉ばかりです。**

- ●動詞……purchase, pay, sell, price, receive, complete, account
- ●名詞……you, four, pen, total, three, year, income, statement, sales, cost, goods, profit
- ●その他…at, each, only, this, therefore, please, your, below, of, gross

　これらの単語の大半は、中学生の間に習うものでしょう。もっと言えば、プライス、セールス、コスト、インカム、プロフィット、グロス…など、**会計用語の多くは、すでにカタカナ英語として私たちの日常に浸透しています。**

この事実こそが、私たちの日常生活のなかで、じつは「英語」と「会計」を用いた会話が、すでに普通に行われていることを表しています。難解な「会計」を苦手な「英語」で読むなんてとても無理、などと思わないでください。日常生活でも時折行っている会計に関する会話と、カタカナ英語を用いた表現を、会社という視点に立って少し体系的に整理してみましょうということです。
　「会計」と言っても、企業が行った活動がそのまま数値となって表れているだけです。そして、多くの場合、日本語で学ぶほうが難しいのです。Cost of Goods Soldを思い出してみてください。**会計用語は英語のほうが、明らかに直接的でわかりやすいのです。**

超ドメスティックだった私が、留学生に英語で会計指導

　2006年から早稲田大学商学研究科の非常勤講師として、大学院で管理会計（Managerial Accounting）のクラスを担当しています。私の担当は、講義も資料も試験もすべて英語で行うというクラスです。必然的に40名の学生の大部分が留学生となっています。
　早稲田大学で留学生に英語で会計を教えていると言うと、「どこで英語を勉強したんですか？」「帰国子女なんですか？」などと、よく聞かれます。そんなときの私の答えは、決まってこれです。
「大学2年生のときに初めて飛行機に乗った、『超』がつくほどのドメスティックな人間でした」
　受験英語はひととおりやってはきましたが、残念ながら私の親戚縁者には海外の「カ」の字も感じさせる人はいませんでした。20歳のときに行ったアメリカへの1人旅が、「英語を話したい」「アメリカ人と学生生活を送りたい」という強い願望を持つきっかけになりました。貧乏な学生だったので、英会話スクールに通うお金もありません。良いテキストを探したり、日本にいる外国人の友だちをたくさんつくったりと、すべて独学で学んできました。

ですから、日本人がゼロから英語を学ぶのは決して容易ではないことを、身をもって理解してきたつもりです。ましてや会計の英語を、です。したがって**本書では、日本人ができるだけ効率的に英語で会計を学ぶためのエッセンスを、1つでも多くお伝えしたいと思います。**

英語と会計は2つのグローバル言語

　仕事柄、いろいろな日本企業の経営計画や決算の資料を見ることがあります。そうした資料では、自社が今後、力を注ぐべき経営目標を語っています。そのなかで、グローバルに関する表記は、増加の一途をたどっているように見受けられます。海外売上比率の向上、海外企業の買収、生産拠点の海外移転、人材のグローバル化……等々。

　日本企業が永続的に存続・成長していくために、もはやグローバル化を推し進める流れを止めることはできません。そして、企業がグローバル化を果たすには、その企業で働く人材がグローバル化していることが不可欠です。

　私が会計を指導している複数の企業でも、経営を学びながら、同時に英語を学ぶことを必須としているところが増えてきています。海外に出て仕事をしようというときに、経営と英語という2つの言語のどちらが欠けても、ビジネスのコミュニケーションは成立しないということなのでしょう。

　経営教育のなかでも、とりわけ会計は、ビジネスの共通言語として常に会話に表れるものです。海外販路の拡大でも、工場への生産委託でも、あるいは現地での人材採用でも、最後は「採算が合うのか？」という問いかけに対して確たる「Yes」がなければ、それは「Go」とはならないのです。

　私の経験からも、日本では精神論で通ってしまうような話も、海外ではこうした「採算」に対して、数値にもとづいた徹底的な議論を行います。それは、意識の根本に、「企業の目的は利益を創出し、投資家に適切に還元していくことにある」という考えがあるためでしょう。

会計を英語でAccountingと言いますが、これはAccount（＝説明）から派生した言葉です。Accountability（説明責任）やto account for（〜を説明する）といった表現もあります。**企業活動を責任を持って説明する、企業活動のコミュニケーションのための言語。それがアカウンティングの役割なのです。**

　人と企業がグローバル化していく上で、会計と英語は不可欠な言語です。コミュニケーションを図るための、必要最低限の言語です。どちらも完璧である必要はありませんが、無知識というわけにもいきません。

　どちらもグローバル化に不可欠なら、いっそのこと、会計と英語を同時に学びませんか？　会計は英語で学んだほうがラクに覚えられるのですから。海外に行けば、全部英語で出てくるのですから。

　それが私の信念であり、本書の目指すところです。

「Why?」「So What?」を問い続ける

　Accounting（会計）の数値を使って求められるAccountability（説明責任）は、数字の裏側にある確固たる理由の説明、そして経営への意味合いの説明です。第1章以降、6つの企業の決算書を見ていきますが、現れるさまざまな数値の大小に対して、Why?（なぜそうなのか？）、So What?（そこから何が言えるのか？）をできるかぎり問い続けてみてください。

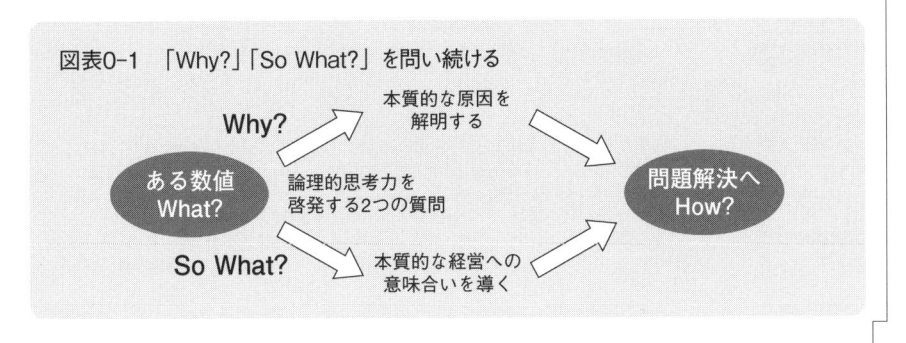

図表0-1　「Why?」「So What?」を問い続ける

ある数値 What? → Why?（本質的な原因を解明する）／So What?（本質的な経営への意味合いを導く）→ 問題解決へ How?

論理的思考力を啓発する2つの質問

図表0-2　日本会計基準と米国会計基準、国際会計基準（IFRS）の主な違い

項目 章・ページ	会計基準間の相違	分析時の注意点
決算書の呼称 第1章 p.26 第2章 p.85	IFRSでは、貸借対照表（BS）に相当する決算書を「Statements of Financial Position」（財政状態計算書）、損益計算書（PL）に相当する決算書を「Statements of Comprehensive Income」（包括利益計算書）と呼ぶ。	日本でも、損益計算書とは別に、包括利益計算書の開示を2010年4月以降に始まる決算期から開始している。
PL上の大きな項目の違い 第1章 p.34 第2章 p.96	①営業外収支の分離計上と経常利益の算出が、日本はあるが海外はない、②特別利益・特別損失は、日本はあるが海外はない、③海外では継続事業と非継続事業の損益を別建てで計上するが、日本は分離しない。	営業外収支の分離計上や特別損益項目など、日本基準のほうが細かくわかりやすいと取れる半面、経営者の意見が入る余地が多いのも事実。また、海外では非継続事業の損益を別建てで表示するため、より将来思考に立っている。
1株当たり当期純利益（EPS）の開示 第1章 p.37	日本会計基準では注記事項としてのみの開示義務だが、IFRSや米国会計基準では、PL末尾での開示義務がある。	株価÷EPS＝PER、配当÷EPS＝配当性向など、株価や配当の妥当性を評価する上でもEPSは重要な指標。日本では注記事項だが、必ず参照する癖はつけておきたい。
流動資産と固定資産の順序 第1章 p.55	日本基準では流動資産を上段に、固定資産を下段に記すのが原則だが、IFRSではそれらの順序にとくに指定はない。	流動資産、固定資産は固まりでとらえ、常に大きな固まりから読むのが原則なので、順番の相違は分析する上でとくに影響しない。
包括利益計算書 第2章 p.85	日本も海外も包括利益計算書の開示義務はあり。中身の相違に注意。	中身の違いには注意を要するが、BSに計上されている資産価値が著しく棄損していないかを評価する上で有益な情報。日本では昨今の円高による為替評価損と、持合株の慣習から投資有価証券評価損の負のインパクトが大きい。
非支配持分に帰属する損益の違い 第2章 p.92	日本基準では当期純利益への計算過程で非支配持分利益を控除するが、IFRSでは控除せずに、末尾で親会社と非支配持分を区分表示する。	当期利益の数値を、親会社を中心にとらえる日本基準では非支配持分利益は控除するのに対して、会社全体を中心にとらえるIFRSでは控除されていない。完全子会社ではない子会社が多い企業では、これらの違いに注意を要する。

項目 章・ページ	会計基準間の相違	分析時の注意点
遡及修正 第2章 p.95	日本基準でも、2011年4月以降に始まる決算期から、会計方針の変更、表示または分類の変更、並びに誤謬の訂正において、過年度の決算書を遡及的に修正表示する。	2011年4月以降は、過年度への遡及修正については、日本もIFRSもほぼ同じとなっている。それ以前の決算書を見る際は、日本では遡及修正を行っていなかったので、注意を要する。
のれん償却 第2章 p.104 第5章 p.195	日本基準ではのれんは20年以内の耐用年数で定額償却するが、米国基準やIFRSでは償却しない。	日本はのれんが自動的に減少していくが、海外はそのまま滞留する。よって同じ条件のM&Aであれば、海外企業のほうがBSののれん額は重く、PLの営業利益は大きくなる（日本ではのれん償却を販管費に計上）。のれんの減損はどの会計基準でも行われるが、償却していない分だけ海外のほうが発生時の負のインパクトが大きい。
セグメント情報 第5章 p.185	IFRSも米国会計基準も、マネジメント・アプローチでの開示を義務づけている。マネジメント・アプローチとは、経営者が業務上の意思決定や業績評価のために企業内で実際に組織しているセグメントにもとづく社外開示を求めるもの。	日本基準でも、2010年4月以降に開始する決算期より、マネジメント・アプローチで開示が義務づけられているので相違はない。それ以前の決算書類を見る際には、注意を要する。
資本金と 資本剰余金 第6章 p.236	日本基準では時価発行で調達した資本のうち、最低半分は資本金に算入し、残りの半分は資本金でも資本剰余金でもよしとされている。しかし米国基準では、額面（par value）がある場合は額面に相当する金額のみをCommon stock（資本金）に算入し、それ以外はAdditional-paid in capital（資本剰余金）に算入する。	株主からの資本調達額を評価する際には、資本金だけではなく、資本剰余金の額も考慮して分析をする。

日本ではあうんの呼吸で通ってしまうことでも、欧米では論理的（Logical）な説明責任が強く求められることがよくあります。どこまで論理的に考え、それを数値で説明することができるのか。本書を通していろいろなツールを使いながらさまざまな企業の決算書を分析することが、そのためのよい訓練となることを期待しています。

会計基準の違いで読み方はどう変わるのか

　会計をややこしくしている1つの背景に、会計基準が国や地域によって異なるという点が挙げられます。日本には日本会計基準、米国には米国会計基準、そして世界には国際会計基準（IFRS＝International Financial Reporting Standards）があります。

　2012年の現在、高品質で、理解可能で、かつ実行可能な国際的な会計基準に統一しようという動きがあります。日本でも強制適用の時期や範囲は明確でないものの、IFRS移行への方向性は示されています。現在はその過渡期のため、日本国内でも日本基準、米国基準、国際基準から、会計基準を選択できるという宙ぶらりんの状態にあります。

　本書は、それらの違いをこと細かく理解することを目的とはしていません。それでも、せっかく海外の決算書を見る機会なので、日本基準との違いについて要所要所で触れてあります。14～15ページの図表0-2にそれらを一覧でまとめました。今すぐ目を通して理解するというより、本書を読み進めた後の確認としてご活用いただくのがよいと思います。会計基準の違いと分析時の注意点に関して、参照してください。

ブレイクタイム……1
Tips on Accounting in English

まぎらわしい言葉を整理しよう

1. Revenue vs. Profit
「収益」と「利益」の違いをきちんと説明できますか？ この2つの言葉は日常会話ではかなりいい加減に使われていますが、会計の世界ではまったく別の意味になります。これも英語で見ると、両者の違いがはっきりわかるでしょう。収益＝Revenue、利益＝Profit。式で表すと次のようになります。

　　　　　　Revenue（収益）　－　Expense（費用）　＝　Profit（利益）

「利益」という表現が日本語では響きが強すぎるきらいがあるので、「利益を高める」と言うべきところを、「収益の向上」などと和らげるのでしょう。でも、それでは「売上を増やしたい」と言っているだけで、黒字なのか赤字なのかはさっぱりわかりません。Profitを語りたいなら「利益」であって、「収益」ではないのです。

2. Profit vs. Income vs. Margin vs. Earnings vs. Return
　どれも日本語では「利益」と訳しますが、どう使い分ければいいのでしょうか。最初の3つ（Profit、Income、Margin）は、第1章から見る各社のPL上でも、おおむね同じような頻度で現れます。たとえば、PL上で最初の利益となる売上総利益は、Gross income、Gross profit、Gross marginのどれでも同じ意味でOKです。
　4つめのEarningsがもっともよく使われるのは、EPS（Earnings per share＝1株当たり純利益）を語るときです。Earningsはいつも複数形で使われるので注意してください。
　そして最後のReturnは、PL上に直接現れることはありません。ROA（Return on assets＝総資産利益率）、ROE（Return on equity＝株主資本純利益率）、ROS（Return on sales＝売上高利益率）などの利益率を表現する際に、もっともひんぱんに使われる「利益」です。

3. Cost vs. Expense

　Cost（コスト）とExpense（費用）はどう違うのでしょうか？　この問いにきちんと答えられる方は、会計を実務で行っているか、会計を学んだ経験のある方でしょう。

　冒頭の文房具店のクイズを思い出してください。4本のペンを仕入れて320円（80円×4本）支払った段階では、320円のCost（コスト）です。今月はそのうち3本のペンが売れたので、3本分のコスト、つまり240円（80円×3本）を「マッチングの原則」に従ってPL上のCOGS（売上原価）に計上しました。この段階で、CostはExpense（費用）になります。

　簡単に言えば、PL上に計上されているものはExpenseで、BS上に留まっているものはCostです。ただし、広告宣伝費など、BSを経由しないで直接PLのExpenseとなる勘定もあります。

4. Expense vs. Expenditure

　今度は、Expense（費用）とExpenditure（支出）の違いです。ExpenseがPL上の言葉なのに対して、Expenditureは固定資産投資のためのキャッシュの支出と考えるとよいでしょう。

　たとえば10億円の機械に設備投資（Capital expenditure）をすると、有形固定資産（Tangible fixed asset）としてBSに計上されます。その後、耐用年数にわたって減価償却されていくことで、PLの減価償却費（Depreciation expense）となるのです。

　言葉と記載場所が、次のように変化していくことになります。

Capital expenditure［CF］ ⇒ Tangible fixed asset［BS］ ⇒ Depreciation expense［PL］

第1章 | **H&M**

高収益の小売ビジネスを「PL&BS」から読み解く

ケース・オープニング

Case Opening

　ユニクロを展開するファーストリテイリングは、社内の公用語を英語にする方針を明らかにしました。
「日本の会社だから、社員のほとんどは日本人。ほとんどの店舗は、日本にあるはず。国内では圧倒的な一人勝ちのユニクロが、なんでまた英語を公用語にしなくちゃいけないの？」
「成長市場の海外に行きたいのはわかるけど、何もいきなり公用語を英語にしなくても……」
　国内市場だけを見て、そして昨今のユニクロの成功だけを見ている方なら、英語公用語化に対して、こうした否定的な意見を持つかもしれません。でも、ファーストリテイリングの柳井正会長兼社長は、2020年8月期までにグループの売上を5兆円（2011年8月期は8,203億円）まで拡大するとしています。この数値を成熟する国内市場のみで達成するのは、到底不可能です。そこで、おのずと海外市場への拡大という話になります。
　なぜ売上5兆円なのか。柳井会長は次のように述べています。

「ファーストリテイリングは世界のアパレル業界で5位です。トップ企業も10年後には売上高3兆円くらいには伸びているでしょう。だから、世界一になるためには5兆円を達成しないといけない」（『週刊ダイヤモンド』2010年5月29日号）

　何とも大胆な数値計算ですね。では、世界の競合の動向は、いまどうなっているのでしょう。ユニクロの競合と言えば、H&M、ZARA、GAPなどが思い浮かびます。これもまた、国内市場だけを見ていると、「銀座、六本木、渋谷などの目立つ通り沿いや、ショッピングモールのなかでたまに目にするくらい。国内の至るところに存在するユニクロからすれば、たいした競合ではない」と安易に結論づけてしまいがちです。
　でも、それだけでもじつはすごいこと。世界各国の主要な街々やモールでユ

ニクロを見つけることは、まだあまりできません。

　ファーストリテイリングがグローバル市場で戦わなくてはならない競合はどんな企業で、どんな事業モデルで成功しているのでしょう。それを知ることによって、なぜ同社が海外で急速な成長を目指すのか。ひいては、なぜ英語を公用語にしなくてはならないかの理由を見出せるはずです。

　この章では、世界のアパレル小売業のトップランナーであるH&M（Hennes & Mauritz AB）の決算書を、次のステップで見ていくことにしましょう。

図表1-1　H&Mの経営分析のプロセス

Steps in analysis	（分析のステップ）
STEP 1　Imagine the Company	企業のビジネスを想像する
STEP 2　Obtain the Financial Statements	企業の決算書を入手する
STEP 3　Understand the Goal of the Company	企業のゴールを理解する
STEP 4-1　Grasp the Basic Structure of the Income Statement	損益計算書の構造をつかむ
STEP 4-2　Read H&M's Income Statement	H&Mの損益計算書を読む
STEP 5-1　Grasp the Basic Structure of the Balance Sheet	貸借対照表の構造をつかむ
STEP 5-2　Read H&M's Balance Sheet	H&Mの貸借対照表を読む

STEP 1
企業のビジネスを想像する
Imagine the Company

▶▶▶▶▶▶▶

　決算書の分析は、まずは企業の決算書を入手すること、そして上から順番に眺めていきましょう、となりがちです。でも、それでは与えられた決算書の範囲内でしか、物事を考えることができません。その前にやらなくてはならない大切なことがあります。

　決算書を見たいと思うくらいだから、その会社について何らかの知識は持っているはず。だったら、**その会社を想像して、どんなビジネスを営んでいるかを言葉にしてみるのです**。実際の決算書を見るのはもっと後。読者の皆さんはH&Mと聞いて、どんなことを思い浮かべたり、疑問に思ったりしますか？

　できれば、すぐにそのまま下を読み進めないで、2つでも3つでもペンで書き出してみてください。

仮説1「値段はお手頃なんだけど、ファッション性に富んでいるところが、若い女性を中心に評価されるんだろうな。良いものがお手頃価格っていうのは、私たちお客さんには嬉しいこと……。でも、会社として、ちゃんと利益出してるのかな？」
　　→→→**利益率はどれくらいだろう？　利益率が悪いとすれば、やっぱり儲かってない。利益率が良いとすれば、相当安く作っているということ？**　[PL]

仮説2「月に2回くらい店を覗くけど、ひんぱんに商品が入れ替わっている印象。だからこそ、ちょくちょく行ってみたくなるんだけど」
　　→→→**在庫の回転が速いということは、余分な在庫はいつも少ないということ？**　[BS]

仮説3「銀座とか原宿とか、場所代が高そうなところに大型出店しているのが目立つよね」
　　→→→**家賃が高そう。**[PL]

仮説4「店舗は結構大型だから、相当の投資が必要なんだろうな。あっ、でもH&Mが不動産を持っていなければ、建物を作るための投資は必要ないのか」
→→→店舗を自分で持っていれば、有形固定資産が多い。借りていれば、家賃と敷金の差入額が多い。[PL/BS]

仮説5「ユニクロに比べれば、チラシもCMもあまり見ないかな。もっとも日本では一等地の限られた場所ばっかりだから、そんなのしなくても十分目立っているか」
→→→広告宣伝費は意外と少ないのか？[PL]

仮説6「H&Mのお店に行くと、店員がたくさんいて、いつも親切に案内してくれる」
→→→人件費が高そう。[PL]

仮説7「ユニクロに比べると、日本国内での出店ペースはノンビリの感じだけど。海外ではどうなんだろう？」
→→→成長率はどんなものだろう？[PL]

仮説8「肝心の商品（衣類）はどこで作っているんだろう？　あれっ、そもそもH&Mって、自分で工場持ってるのかな？」
→→→工場を自分で持っていれば、有形固定資産が多い。持っていなければ少ないはず。[BS]

仮説9「たしかスウェーデンの会社だったっけ？」
→→→決算書の単位はスウェーデンの通貨？[PL/BS]

仮説10「ユニクロはアジアを中心に成長目指すって言ってるけど、H&Mはヨーロッパの企業だから、やっぱりアジアはこれからなのかな？」
→→→国ごとの売上や店舗数は、どの程度か？[セグメント情報]

　H&Mのイメージが少しずつ頭に浮かんできましたか？　H&Mに行ったことのない方だと、こうしたイメージもちんぷんかんぷんかもしれません。お店が

近くにあれば1度覗いてみて、10個のイメージがどこまで真実なのかを、ご自分の目でチェックしてみてください。

　大切なのは、間違いを恐れずに「たぶんこうなのかな？」という仮説や、「ここはどうなんだろう？」という疑問も含めて、決算書を見る前に企業を想像することです。これが、決算書を分析するための、大切な最初のステップです。

STEP 2
企業の決算書を入手する
Obtain the Financial Statements

　では、実際のH&Mの決算書を見てみることにしましょう。ところで、**海外企業の決算書はどうやって手に入れるのでしょうか。これには、大きく3つのアプローチがあります。**

　①H&Mのホームページから「Investor relations」を探してクリックする
　②GoogleやYahoo!などの検索サイトから「H&M　Investor relations」と検索して、直接IRサイトに飛んでいく
　③EDGAR（米SEC作成）、EDINET（金融庁作成。一部の海外企業のみだが、日本語で入手できる）を使う。ともにHTMLなので、Microsoft Excelなどに貼り付けて加工したい場合には、とても便利

　私のお勧めは②です。①の個別企業のホームページの場合、トップページは株主向けではなく、顧客向けの情報が中心となっているのが一般的です。実際にH&Mのトップページ（http://www.hm.com）も、店舗展開している国のリストのみが表示されています。そこであきらめずに「Japan | 日本」をクリックし、さらに「IR情報」をクリックすれば、同社のIRサイトにはたどり着けます。でもそうやってスムーズにたどり着く人でも、3回のクリックは必要です。
　これに対して、Googleで「H&M　Investor relations」と検索すれば、同社のIRサイトの候補が表示されます。1番上に表示された「Investor relations - About H&M」を1クリックするだけで、H&MのIRサイトに飛ぶことができます。

　ここでは、まず「Annual reports」をクリックして、2011年（H&Mは11月決算）の決算書を見てみることとします（本稿執筆時点では2011年のアニュアルレポートが公表されていないため、2010年のアニュアルレポートと、2011年のファイナンシャルレポート［速報ベース］を参照しています）。

H&Mのアニュアルレポートは2分冊で100ページ超あります。慣れるまでは、そこから決算書を探し出すだけでもやっかいな作業。レポートの冒頭にあるはずの目次をうまく見つけられればラッキーですが、アニュアルレポートは株主向けに作られている資料です。鮮やかな写真やグラフなどが多いため、決算書を見つけるのに意外と苦労することもあります。

　そんなとき私は、**シンプルに「Balance Sheet」の文字で検索します**。損益計算書は、英語で「Income Statement」「Statements of Income」「Statements of Earnings」「Statements of Operations」「Profit and Loss Statement」など、じつにさまざまな表現があります。「Income Statement」と検索して見つからないと思ったら、その企業は「Statements of Income」と呼んでいた、なんてことは平気で起こります。

　そこで、**仮に探しているのが損益計算書だったとしても、「Balance Sheet」と検索して、まずは貸借対照表を探し、その前後のページにある損益計算書を見つければよいのです**。実際にH&Mも「Balance Sheet」と検索して貸借対照表を見つけると、その1ページ前に「Income Statement」があることがわかります。

　なおIFRS（国際会計基準）では、貸借対照表に相当する決算書を「Statements of Financial Position」（財政状態計算書）と呼びますので、Balance Sheetで見つからない場合は、そちらでも検索してみてください。損益計算書に相当する決算書は「Statements of Comprehensive Income」（包括利益計算書）となります。

　本書ではこれ以降、英語でも日本語でも一般的な略語となる、損益計算書をPL、貸借対照表をBSと記していきます。

STEP 3
企業のゴールを理解する
Understand the Goal of the Company

>>>▶>>>>

　アニュアルレポートを手に入れて決算書を読む前に、必ずチェックしておきたいことがあります。それは、**その企業が何を目指して（Goal）活動しているかを理解することです**。そのGoalを実現するために日々の企業活動があるわけですし、その活動が決算書の数値となって最後は表れてくるのです。

　日本企業はこうしたGoalを少しあいまいに語る傾向があるのに対して、海外企業はもっとストレートに表現します。H&MのGoalと、それを実現するための4つの基本戦略が、2010年のアニュアルレポートの冒頭に1ページを使って掲げられているので、次ページの図表1-2にそのまま掲載します。

"H&M's business concept is to offer fashion and quality at the best price."

　H&Mの事業コンセプトは、best（お手頃）な値段で、ファッションと品質を提供すること。H&Mに対して多くの方が持っていると思われるイメージを、H&M自身が自社のコンセプトとして大きな文字で語っています。

　それに続く**4つの基本戦略**は、次のようにまとめられます。

①**In-house designers**
　　デザイナーは社内で確保。
②**Growth target is 10-15%**
　　年成長目標は10～15%。これをSelf-financed（自己資金）、Emphasis on quality（品質重視）、Sustainability（持続可能性）、Continued high profitability（継続的な高収益率）で実現する。
③**Driven by strong values**
　　価値を置くのは、Simplicity（シンプル性）、Continuous improvement（継続的な改善）、Team spirit （チームスピリット）、Cost-consciousness（コ

図表1-2 H&Mのゴールと4つの基本戦略

FASHION & QUALITY
at the best price

H&M's business concept is to offer fashion and quality at the best price.

H&M's in-house designers create a wide and varied range for everyone who loves fashion, whatever their age. Quality is a key concept, right through from first idea to customer. H&M aims to constantly meet or exceed customers' expectations.

H&M's growth target is to increase the number of stores by 10-15 percent per year, and at the same time increase sales in comparable units. This growth, which will be entirely self-financed, will proceed with an emphasis on quality, sustainability and continued high profitability.

H&M is driven by strong values such as simplicity, continuous improvement, team spirit, cost-consciousness and entrepreneurship.

H&M works hard on sustainability. H&M does not own any factories but has responsibility for ensuring that all products are made under good working conditions and with the least possible impact on the environment.

出所：H&M Annual report 2010

スト意識）、Entrepreneurship（起業家精神）。

④**Works hard on sustainability**

　自社工場は保有せず（not own any factories）、持続性を重視（good working conditions＝良質な労働条件、least possible impact on the environment＝環境負荷の極小化）。

実際の決算書を見なくても、H&MのGoalと4つの基本戦略を知ることで、あらかじめ想像した仮説や疑問に対する答えが見えてきます。と同時に、さらなる関心も湧いてくるでしょう。
　たとえば、次のようなイメージです。

仮説1　利益率はどれくらいだろう？　利益率が悪いとすれば、やっぱり儲かってない。利益率が良いとすれば、相当安く作っているということ？
　　　→→→自らContinued high profitability（継続的な高収益率）と言うくらい、利益率の良い企業。薄利が普通な小売業で、利益率が良いと公言できるレベルって、どれくらいなのだろう？
仮説6　人件費が高そう。
　　　→→→店舗にいる人だけでなく、デザイナーも抱えているとなれば、なおさら人件費は高くなる？
仮説7　成長率はどんなものだろう？
　　　→→→中国のGDP成長率目標よりも高い年10〜15％を、いったいどうやって実現しようというのか？
仮説8　工場を自分で持っていれば、有形固定資産が多い。持っていなければ少ないはず。
　　　→→→工場は持たないと明言しているのだから、おのずと建物や土地といった有形固定資産は少ないはず。でも、店舗のなかにある器具備品は、店舗数の増加に比例してそれなりの金額になるのかな？

　自社工場は持たないことから、H&Mはあくまでメーカーではなく小売業ということが確認できます。ただし、自らデザイナーを抱えて商品開発から手掛けるSPA（Specialty store retailer of Private label Apparel＝製造小売業）と呼ばれる業態です。

STEP 4-1
損益計算書の構造をつかむ
Grasp the Basic Structure of the Income Statement

　図表1-3は、H&Mのアニュアルレポートに掲載されているPLです。タイトルは「GROUP INCOME STATEMENT」とあるので、親会社（Parent company）だけでなく、子会社（Subsidiary companies）も含めた連結ベース（Consolidated basis）とわかります。

　決算書を見る前に必ずチェックしてほしいのは、この連結か単体か（Group/Consolidated or Parent/Stand-alone）に加えて、決算期（Fiscal year/Month）と単位（Monetary unit）の3つです。次ページのPLは、連結（Group）で、2011/2010年11月期、そして単位は百万スウェーデンクローナ（SEK Million）だとわかります。これら3つの情報は決算書の冒頭に書いてあるので、必ずチェックするように心掛けましょう。

PLの大きな流れを読む

　PLのTop lineはSales（売上高）、Bottom lineはすべての足し算・引き算をすませたNet（正味）の利益、すなわちNet profit（純利益。H&MはPROFIT FOR THE YEARと記しています）です。

　余談ですが、英語では「結論」のことをBottom lineと表現することがあります。「What's the bottom line?」（結論はいったい何なの?）とか「The bottom line is…」（結論は…ということです）などの言い回しで多用されます。PL上でいろいろ足したり引いたりするけれど、結局は最後の行（Bottom line）が1年間の活動の結論だということ。会計用語が日常会話にまで発展した1つの例と言えるでしょう。

　会計基準や企業によって、PLの構造や言葉には少し違いがありますが、Top lineからBottom lineへの大きな流れは同じです。

　33ページの図表1-4のように、Sales（売上高）から始まり、大きく4つのス

図表1-3 H&Mの連結損益計算書

GROUP INCOME STATEMENT
SEK M

1 December – 30 November	2011	2010
Sales including VAT	128,810	126,966
Sales excluding VAT	109,999	108,483
Cost of goods sold	-43,852	-40,214
GROSS PROFIT	66,147	68,269
Selling expenses	-42,517	-40,751
Administrative expenses	-3,251	-2,859
OPERATING PROFIT	20,379	24,659
Interest income	568	356
Interest expense	-5	-7
PROFIT AFTER FINANCIAL ITEMS	20,942	25,008
Tax	-5,121	-6,327
PROFIT FOR THE YEAR	15,821	18,681
Earnings per share, SEK	9.56	11.29
Number of shares, thousands	1,655,072	1,655,072

連結損益計算書
百万スウェーデンクローナ

12月1日 – 11月30日	2011	2010
売上高(付加価値税を含む)	128,810	126,966
売上高(付加価値税を除く)	109,999	108,483
売上原価	-43,852	-40,214
売上総利益	66,147	68,269
販売費	-42,517	-40,751
一般管理費	-3,251	-2,859
営業利益	20,379	24,659
受取利息	568	356
支払利息	-5	-7
税引前当期純利益	20,942	25,008
税金	-5,121	-6,327
当期純利益	15,821	18,681
1株当たり利益(スウェーデンクローナ)	9.56	11.29
発行済株式数(千株)	1,655,072	1,655,072

出所：H&M Annual report及びFinancial report

テップでコストを差し引き、各利益を計算しながら、最後のNet profit（純利益）を導いていきます。あるコストが①〜④のどこに入るのかは、次の設問でとらえるとよいでしょう。

[設問1] そのコストは、直接的に売上高に対応しますか？
　　　　YES→①Cost of goods sold（COGS）
　　　　NO →設問2へ
[設問2] そのコストは、販売費または一般管理費のいずれかですか？
　　　　YES→②Selling, general and administrative expenses（SG&A）
　　　　NO →③Other expenses、または④Taxes

①Cost of goods sold（COGS）

　Sales（売上高）に直接対応するコスト。H&Mのような小売業の場合、サプライヤーからの商品（衣類）の仕入コスト（Purchasing cost）が主なものです（仕入原価）。商品の調達物流に伴うコストも通常は加えます。略してCOGSと記します。時折、Cost of salesと呼ぶ企業もあります。日本語では「売上原価」と呼ばれます。

　製造業では製造原価（Manufacturing cost）、サービス業ではサービス原価（Servicing cost）が対応します。先の文房具店の例を覚えていますか？　PLの売上原価には、あくまでその期の売上にマッチングできるコストのみが入ります（図表1-5）。

②Selling, general and administrative expenses（SG&A）

　販売（Selling）、一般（General）及び管理（Administrative）に関連する費用。略してSG&Aと記します。日本語でもそのまま「販売費及び一般管理費」、または略して「販管費」と呼ばれます。本業の活動にかかわる費用のうち、①のCOGSに入らないものは、すべて期間費用としてSG&Aに入ると考えれば、わ

図表1-4 損益計算書の大きな流れ

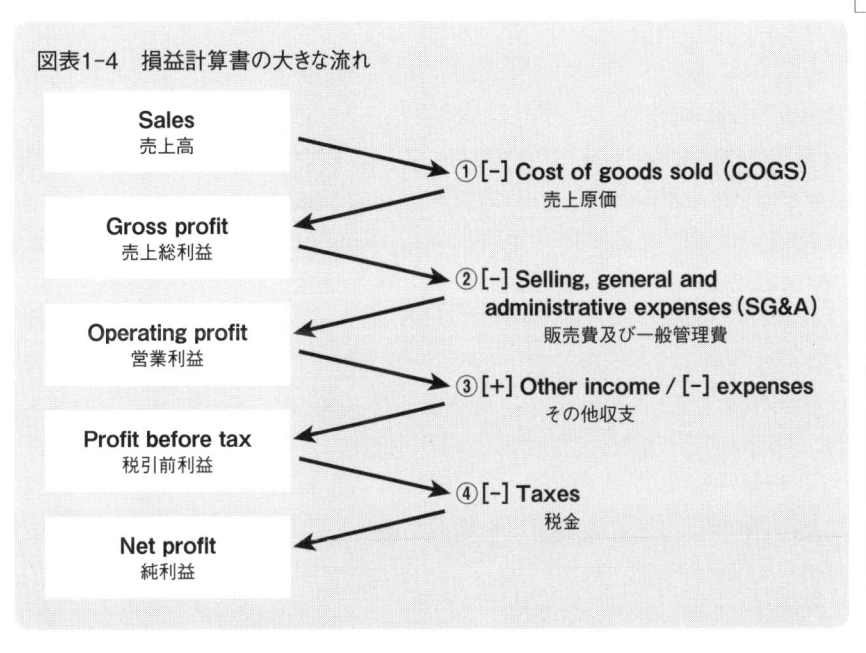

- Sales 売上高
  - ① [-] Cost of goods sold (COGS) 売上原価
- Gross profit 売上総利益
  - ② [-] Selling, general and administrative expenses (SG&A) 販売費及び一般管理費
- Operating profit 営業利益
  - ③ [+] Other income / [-] expenses その他収支
- Profit before tax 税引前利益
  - ④ [-] Taxes 税金
- Net profit 純利益

図表1-5 売上原価に算入するコスト

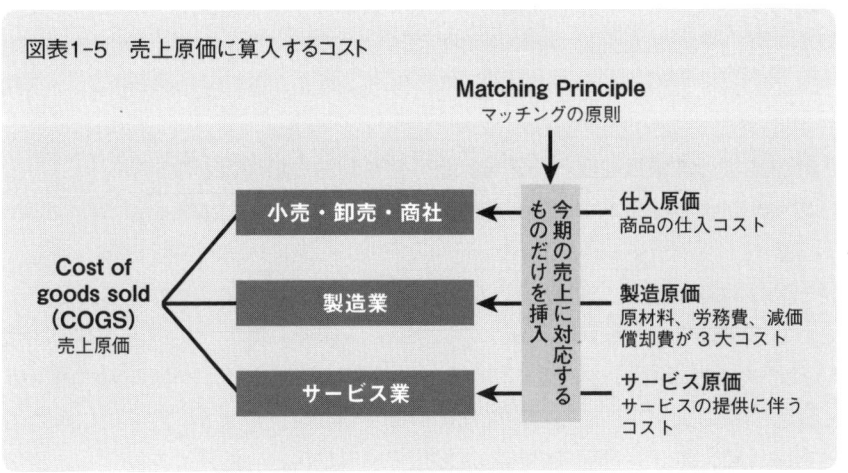

Matching Principle マッチングの原則

今期の売上に対応するものだけを挿入

- Cost of goods sold (COGS) 売上原価
  - 小売・卸売・商社 ← 仕入原価 商品の仕入コスト
  - 製造業 ← 製造原価 原材料、労務費、減価償却費が3大コスト
  - サービス業 ← サービス原価 サービスの提供に伴うコスト

かりやすいでしょう。

③Other expenses
　上の2つで、本業の活動にかかわるコストはすべて差し引きました。ここは文字どおり、それ以外（Other）の費用（Expenses）です。借入れから発生する支払利息など、主に財務項目（Financial items）に関するコストが差し引かれます。

④Taxes
　税金が差し引かれます。日本では、法人税（Corporate tax）、住民税（Inhabitant tax）、事業税（Business tax）が該当します。

会計基準によってPLはどこが違うのか

　日本会計基準、米国会計基準、そしてIFRS（国際会計基準）ともに、PLは売上からスタートして最後は純利益で終わるという点で共通していますから、安心です。そんななかで、とくに目を引く大きな違いには次の3つが挙げられます。

①海外には「営業外収支」の区分けと「経常利益」の項目がない
　営業利益までは日本も海外も似ていますが、それ以降は海外のほうがシンプルです。
　日本会計基準では、営業利益の次に営業外収益、営業外費用がそれぞれ計上された後で、経常利益が算出されています。営業外には、主に財務活動の項目（受取利息、受取配当金、支払利息など）が計上されます。一方、海外基準でも営業利益の次は同じような財務活動の項目が記されますが、日本とは違って営業外収益、営業外費用を分離して記していないのが一般的です。

また、日本ではそこでいったん経常利益が算出されますが、海外には経常利益という概念もありません。したがって、経常利益は「Ordinary income」「Recurring income」などの、いわば「当て字英語」で呼ぶのが通常です。

②海外には「特別利益」と「特別損失」の項目がない

　日本会計基準では、その年度における臨時的・偶発的な活動から生じる損益を「特別利益」「特別損失」に計上します。固定資産の廃棄損など、企業活動では経常的に発生すると考えるのが妥当と思われる損失も、継続保有を前提にしていた資産であれば、特別損失に計上することがよくあります。その背景には、経常的な活動から生まれる「経常利益」までは、立派な数値を示したいという経営の意図もあるのでしょう。

　海外には、こうした「特別利益」「特別損失」は存在しません。固定資産廃棄損などはすべて営業費用の一部として計上されるので、営業利益の減少となって反映されます。

③保有事業の表記方法

　第2章のArcelorMittalのPLで確認できますが、海外基準ではIncome from continuing operations（継続事業からの利益）とIncome from discontinued operations（非継続事業からの利益）が別々に記されます。

　日本会計基準は「決算書は過去の報告だから、その決算期に保有していた事業はすべて一緒に表記すべき」という、どちらかと言えば過去に軸足を置いています。これに比べると、海外の決算書は「すでに会社として非継続事業と定めていて、これからその事業はなくなるのだから、過去の報告でも別建てで記すべき」と、将来思考です。

　それぞれ一長一短だとは思いますが、日本と海外の大きな違いの1つであることは間違いありません。

STEP 4-2
H&Mの損益計算書を読む
Read H&M's Income Statement

　ではいよいよ、そしてようやく、H&MのPL（31ページの図表1-3）を見ていきましょう。

　2011年11月期の売上高（VAT［Value Added Tax＝付加価値税］除く）は、1,099億スウェーデンクローナです。日本語だと、百万、千万、1億……と思わず数えてしまうところですが、英語ではカンマの位置と読み方の区切りが一致していますね（図表1-6）。H&Mの売上だったら、One hundred nine billion nine hundred ninety-nine million Kronaと前から機械的に読むだけです。これなども、「会計は英語で学びたい」と思わせる1つの事例です。

　2011年11月は1クローナ＝約12円だったので、日本円にしておおよそ1兆3,000億円です。これはファーストリテイリングの売上高（2011年8月期は8,203億円）の1.6倍に相当します。では店舗数も1.6倍かどうか、それは後で見てみることにしましょう。

　売上高からCOGS（売上原価）を差し引いたGross profit（売上総利益＝粗利益）は661億クローナ、そこからSG&A（販管費）を引いたOperating profit（営業利益）は203億クローナ、そしてさらにInterest income/expense（受取利息・支払利息）を加減しTaxes（税）を引いたNet profit（純利益）は158億クロー

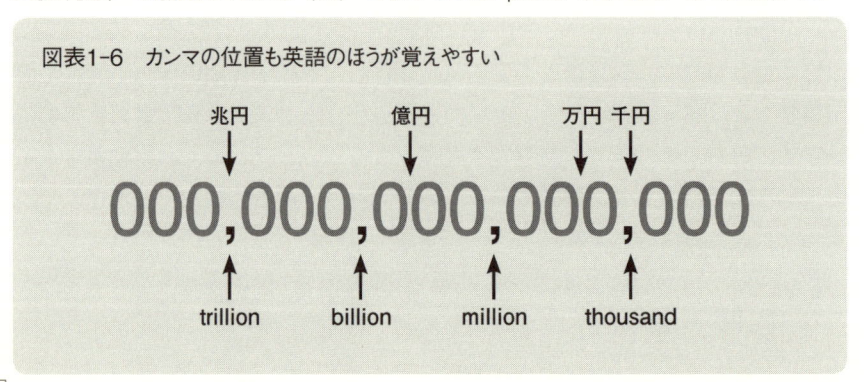

図表1-6　カンマの位置も英語のほうが覚えやすい

　　　　　　　兆円　　　　　　億円　　　　　万円 千円
　　　　　　　　↓　　　　　　　↓　　　　　　↓　↓
　　　　　000,000,000,000,000
　　　　　　↑　　　　　↑　　　　　↑　　　　　↑
　　　　　trillion　　billion　　million　　thousand

ナです。
　また、日本会計基準では、注記事項としてのみ開示義務のある1株当たり純利益（EPS＝Earnings per share）ですが、米国会計基準やIFRSなど海外では、PL上での開示義務があります。これなども、「決算書は株主のために作成している」という考えへの温度差の違いと言うこともできるでしょう。

H&Mの利益率は高いか、低いか？

　果たしてH&Mの利益率は高いのでしょうか、それとも低いのでしょうか？ それを見るために売上高に対する各利益の割合を計算してみると、Gross margin（売上高総利益率）は60％、Operating margin（売上高営業利益率）は19％、Net margin（売上高純利益率）は14％となります。
　日本語では「利益」という一語に統一されている表現が、英語ではIncome、Profit、Earningsの3つ存在します。ほぼ同じような感覚で3語が交互に使われるので、これらの混在には慣れておくようにしましょう。
　小売業の一般的な利益率は、38ページの図表1-7に示すように、それぞれざっと25〜30％、5％前後、5％未満です。H&Mが驚異的な高収益率企業であることが一目でわかります。でも値段は決して高くはない。ということから、値段に対して非常に安いコストで商品を調達できていることが、ここで確定的となります。

H&Mはどこにコストを使っているのか

　では、お手頃な価格とそれを実現するためのコストの低減を、H&Mはどんな仕組みで確立しているのでしょう？ H&Mの経営のあり方についてとくに気になる項目を、2010年のアニュアルレポートからそのまま拾ってみることにしましょう。

図表1-7　主な小売企業の利益率

	H&M	Walmart (米)	三越伊勢丹HD	セブン&アイHD	しまむら	青山商事
FY 年度	Nov, 2011	Jan, 2011	Mar, 2011	Feb, 2011	Feb, 2011	Mar, 2011
Sales amount 売上高	SEK 109 billion	USD 418 billion	1兆2,207億円	5兆1,197億円	4,401億円	1,932億円
Sales（%）売上高	100	100	100	100	100	100
Gross margin（%）売上高総利益率	60	25	28	34	33	55
SG&A/Sales(%) 売上高販管費率	41	19	27	29	24	48
Operating margin（%）売上高営業利益率	19	6	1	5	9	7
Net margin(%) 売上高純利益率	14	4	0.2	2	5	1
Comments コメント	どの小売企業と比べても、各利益の段階で圧倒的な利益率を誇っている	H&Mより規模が大きくても、低価格の日用品が中心では利益率は低い	H&Mより高級品が中心でも、仕入コストも高ければ利益率は低い	H&Mより規模が大きくても、薄利の食品が中心では利益率は低い	H&M同様手頃なアパレル小売業でも、SPAが中心でないと利益率は低い	H&Mより高単価かつSPA中心の紳士服小売業でも、優位性が築けなければ利益率は低い

出所：各企業の財務諸表をもとに著者作成

①Price（価格）

The best price is achieved by having few middlemen, buying in large volumes, buying the right product from the right market, being cost-conscious in every part of the organisation and having efficient distribution processes.

中間流通の削減、大量購買、適材適所の購買、組織を横断したコスト意識、効率的な物流システムによって、手頃な価格を実現。

②Employees（従業員）

H&M has grown significantly since its beginnings in 1947 and at the end of the financial year had more than 87,000 employees. The average number of employees in the Group, converted to full-time positions, was 59,440, of which 5,398 are employed in Sweden.

年度末の従業員数は8万7,000人。フルタイム社員に換算すると平均5万9,440人で、このうちスウェーデンで働く人は1割弱の5,398人。（※2011年11月末現在、それぞれ9万4,000人、6万4,874人、5,855人に拡大）。

③Stores（店舗）

H&M's principle for expansion is that every store shall have the best commercial location. The business is operated from leased store premises, through internet and catalogue sales and on a franchise basis. At the end of the financial year H&M was present in 38 markets. The total number of stores at the end of the financial year was 2,206.

ベストな商業立地に出店するのが原則。店舗は賃借、ネットやカタログ販売、FCも一部あり。38の市場に2,206店舗を展開。（※2011年11月末現在、43の市場に2,472店舗を展開）。

④Selling costs（販管費）

The cost increase was primarily related to expansion. During the year the company also gradually increased its investments in long-term enhancement of the brand and in securing future expansion. As a proportion of sales in comparable units, the costs remained at the same level as in the previous year.

ブランド強化や将来の拡張に向けた2010年の販管費への投資は、売上成長に比例して増加（売上高販管費率は横ばい）。（※2011年は、IT投資や従業員

インセンティブ制度の導入、さらにはスウェーデンクローナ高の影響もあって、売上高販管費率が1％程度増加しています）。

⑤Manufacturing（製造）

H&M does not own any factories but instead outsources product manufacturing to around 700 independent suppliers through H&M's 16 local production offices in Asia and Europe.

工場は持たず、製造はすべて外注。約700の独立系サプライヤーを、アジアとヨーロッパにあるH&Mの16の地域オフィスが統括。

⑥Stock-in-trade (inventory)（棚卸資産）

Within each concept H&M must have the right volumes and achieve the right balance in the mix between fashion basics and the latest trends. To optimise fashion precision, H&M buys items on an ongoing basis throughout the season.

ベーシックと最新トレンドのファッションをバランスよく保有。ファッションの精度を最適化するため、年間を通じて継続的に購買。

H&MのPLから読みとれること

ここまでの分析から、冒頭に掲げた仮説や疑問に対して、いくつかの答えがわかりました。PLから導けるものについて、まとめておきましょう。

仮説1 利益率はどれくらいだろう？　利益率が悪いとすれば、やっぱり儲かってない。利益率が良いとすれば、相当安く作っているということ？
　　　→→→自らContinued high profitability（継続的な高収益率）と言うくらい、利益率の良い企業。総利益率60％、営業利益率19％は、相当の

優良企業と比較しても、突出して優れている。総利益率に関しては、中間流通の削減、大量購買、適材適所の購買、組織を横断したコスト意識、効率的な物流システムによって実現している。

もちろん、コスト削減が行われても、商品のファッション性や質の高さから、H&Mにとってもベストな価格は維持できていることを忘れてはなりません。

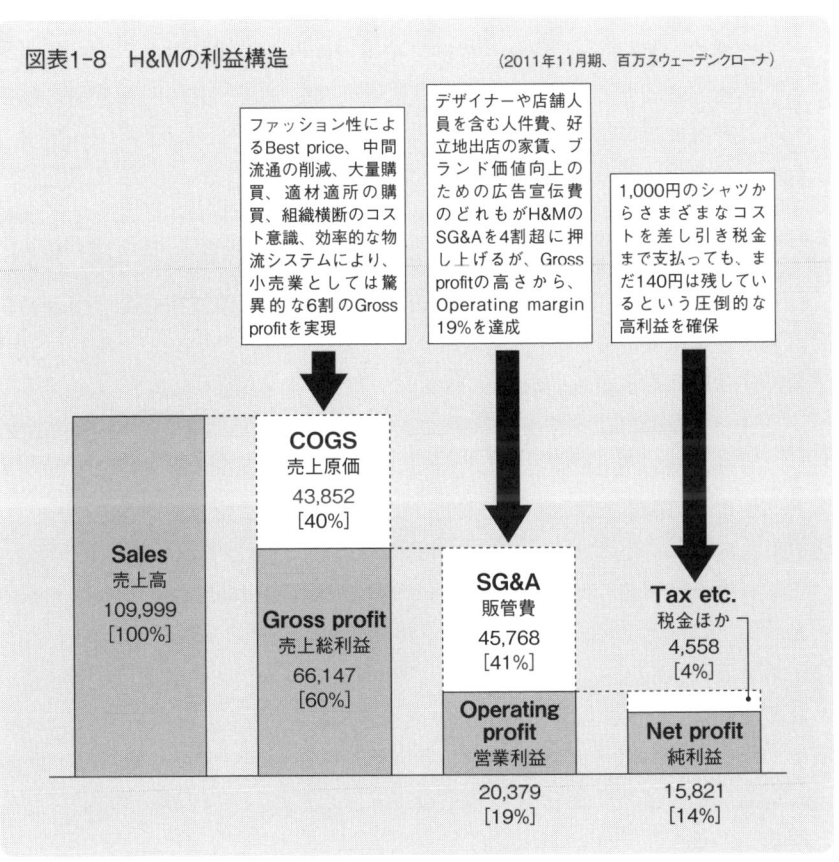

図表1-8　H&Mの利益構造　　　　　　　　　　　　（2011年11月期、百万スウェーデンクローナ）

ファッション性によるBest price、中間流通の削減、大量購買、適材適所の購買、組織横断のコスト意識、効率的な物流システムにより、小売業としては驚異的な6割のGross profitを実現

デザイナーや店舗人員を含む人件費、好立地出店の家賃、ブランド価値向上のための広告宣伝費のどれもがH&MのSG&Aを4割超に押し上げるが、Gross profitの高さから、Operating margin 19%を達成

1,000円のシャツからさまざまなコストを差し引き税金まで支払っても、まだ140円は残しているという圧倒的な高利益を確保

Sales 売上高 109,999 [100%]

COGS 売上原価 43,852 [40%]

Gross profit 売上総利益 66,147 [60%]

SG&A 販管費 45,768 [41%]

Operating profit 営業利益 20,379 [19%]

Tax etc. 税金ほか 4,558 [4%]

Net profit 純利益 15,821 [14%]

出所：H&M Annual report及びFinancial reportをもとに著者作成

仮説3　家賃が高そう。
　　　→→→家賃に関する金額は開示されていないものの、家賃が含まれる売上高販管費率は41％と低くない水準。ベストな商業立地に出店するという同社の原則は家賃を押し上げるが、ブランド価値向上による価格引き上げにつながるなら、それも良。

仮説5　広告宣伝費は意外と少ないのか？
　　　→→→同じく金額開示はないものの、2010年度のアニュアルレポートにある、「ブランド強化や将来の拡張に向けた投資」には、広告宣伝費も含まれるだろう。過大ではないだろうが、売上に応じた一定額の投資は行っているはず。

仮説6　人件費が高そう。
　　　→→→店舗にいる人だけでなく、インハウスのデザイナーも抱えている。従業員6万4,874人の平均給与を仮に250万円（約20万クローナ）とすれば、総人件費は約130億クローナ。これは売上高の12％程度に相当する大きな額。

仮説7　成長率はどんなものだろう？
　　　→→→中国のGDP成長率目標よりも高い年10～15％を、進出地域の拡大、既存店舗の売上成長、そしてネットやカタログ通販、さらにはフランチャイズによる拡大と、全方位的な成長によって目指している。

仮説9　決算書の単位はスウェーデンの通貨？
　　　→→→百万スウェーデンクローナ単位で表記されている。1スウェーデンクローナは12円程度（2011年11月現在）。

　どうでしょう。最初にH&Mをイメージして立てた仮説と、実際に見た決算書が、だいぶつながってきましたか？　それら多くの「つながり」は、仮にH&Mの店舗に行ったことのない方でも、アニュアルレポートを読めばほとんど解明できるものでもあるのです。

H&Mの高い成長率や利益率、比較的大きな販管費など、そのすべてはH&Mの経営方針と、それに根ざして行われた事業活動によって生み出されたものです。ビジネスがあってのPLであって、その逆ではありません。だからこそ、決算書を見る前にその企業のビジネスを少しでも想像してほしいのです。
　その企業の株を買う人も、その企業に融資する人も、その企業と新しく取引を始める人も、あるいはその企業への就職を検討している人もです。こうしたすべてのStakeholders（利害関係者）は、結局はその企業のビジネス、すなわち決算書に対して信頼とお金と時間を託すことになるのです。

STEP 5-1
貸借対照表の構造をつかむ
Grasp the Basic Structure of the Balance Sheet

簡単に言えば、企業は図表1-9のような活動を継続的に行っていることになります。

①Financial institutions（金融機関）やShareholders（株主）から資金を調達する（Financing from investors）
②調達した資金を、企業活動に投資する（Investing in corporate activities）
③投資活動からリターンを得る（Gaining returns from investments）
④獲得したリターンを、投資家に適切に還元する（Paying back returns to investors）
⑤継続的な企業活動に向けて、資金を再投資する（Reinvesting in corporate activities）

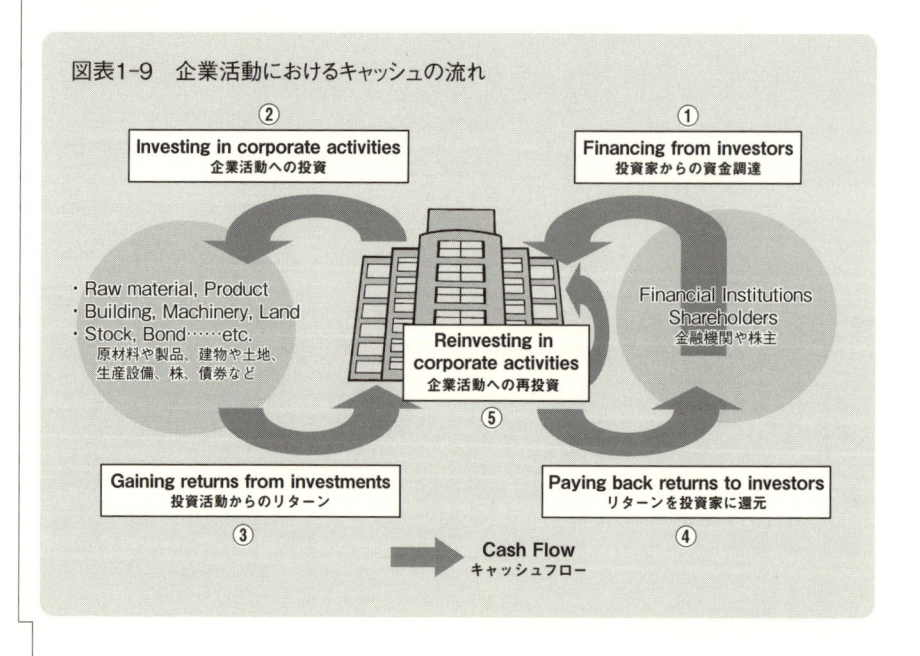

図表1-9　企業活動におけるキャッシュの流れ

② Investing in corporate activities 企業活動への投資
① Financing from investors 投資家からの資金調達
・Raw material, Product
・Building, Machinery, Land
・Stock, Bond……etc.
原材料や製品、建物や土地、生産設備、株、債券など
Financial Institutions Shareholders 金融機関や株主
⑤ Reinvesting in corporate activities 企業活動への再投資
③ Gaining returns from investments 投資活動からのリターン
④ Paying back returns to investors リターンを投資家に還元
Cash Flow キャッシュフロー

決算期末が来ると、この企業活動の瞬間の写真、つまりスナップショットを撮影します。そのスナップショットがBalance Sheetとなるわけです。

　スナップショットの右側にはCashの調達先項目（Cash financed）、左側にはCashの投資先項目（Cash invested）が現れます。その両者の金額が一致するのでBalance Sheetと呼ばれます。

　左側はDebit（借方）、右側はCredit（貸方）と呼ばれます。ただし、これらは直感的にわかりにくい表現なので、本書では左側（Left side）と右側（Right side）という表現で進めていきます。

BSの基本構造をおさえる

　さて、BSの大きな枠組みを見てみましょう。PLと同じく、BSも会計基準や企業によって構造や言葉が少し違います。次ページの図表1-10では、まず日本基準をベースにしたBSを示しています。

　ずいぶんたくさんの言葉が出てきました。でも、1つ1つの単語をよく見てください。account、securities、fixed、property、plant、equipment、investment、debt、bonds、common、retained……。**どれもそんなに難しい単語ではありません。多くの言葉がカタカナ英語としても十分通じるものです。そうした簡単な単語を組み合わせたものが、勘定科目（Account title）となっているのです。**

　たとえば「Accounts receivable」。文字どおり、「受け取ることになっている金額」ということです。要は顧客に商品を販売したのだけど、まだ入金待ちということです。

　これを日本語で言うと、「売上債権」とか「売掛金」となります。どうでしょう？　会計用語をある程度おさえている人ならともかく、初めて会計を学ぶ人にとって、「売上債権」とはいかにも難解な表現です。Accounts receivable、**英語は直接的だから、記憶に走らずに、そのままの表現で意味を理解してしま**

図表1-10　貸借対照表の大きな枠組み

Balance Sheet
March 31, 2012

Total assets	Current assets ・Cash ・Accounts receivable ・Marketable securities ・Inventories　　　etc.	Liabilities	Current liabilities ・Accounts payable ・Short-term debt　etc.
			Fixed liabilities ・Corporate bonds ・Long-term debt　etc.
	Fixed assets ・Tangible fixed assets 　(Property, plant & equipment) ・Intangible fixed assets ・Investments and others	Shareholders' equity	Common stock Money paid in by shareholders
			Retained earnings Accumulated profit in history
			others

Total assets	=	Total liabilities and shareholders' equity

貸借対照表
2012年3月31日

総資産	流動資産 ・現金預金 ・売掛金 ・有価証券 ・棚卸資産　　ほか	負債	流動負債 ・買掛金 ・短期借入金　ほか
			固定負債 ・社債 ・長期借入金　ほか
	固定資産 ・有形固定資産 ・無形固定資産 ・投資その他の資産	株主資本	資本金 株主からのお金
			利益剰余金 毎年の純利益の蓄積
			その他

総資産の部合計	=	負債及び株主資本の部合計

えばよいのです。

　Receivableの考え方がつかめると、Notes receivable（受取手形）、Loans receivable（貸付金）、Interest receivable（未収利息）、Dividends receivable（未収配当金）などの用語も、イモヅル式に理解することができます。

　そして、Receivable（受け取るべき）を反対のPayable（支払うべき）とすれば、売掛金が買掛金になるように、すべて反対の立場です。Notes payable（支払手形）、Loans payable（借入金）、Interest payable（未払利息）、Dividends payable（未払配当金）、Tax payable（未払税金）。これだけで、もう9つの勘定科目をおさえました。

　英語はとにかく表現がストレート。肩の力を抜いて、機械的に組み立ててしまえばよいのです。

　さて、いずれにしても、BSから言葉が一気に増えました。多くの学生が会計に苦手意識を持ちはじめるのは、このBSからです。何と言っても言葉が多い。そこで、私が大切にしている「BSを読むための3つの基本法則」（Three principles in reading the Balance Sheet）を紹介しましょう（図表1-11）。

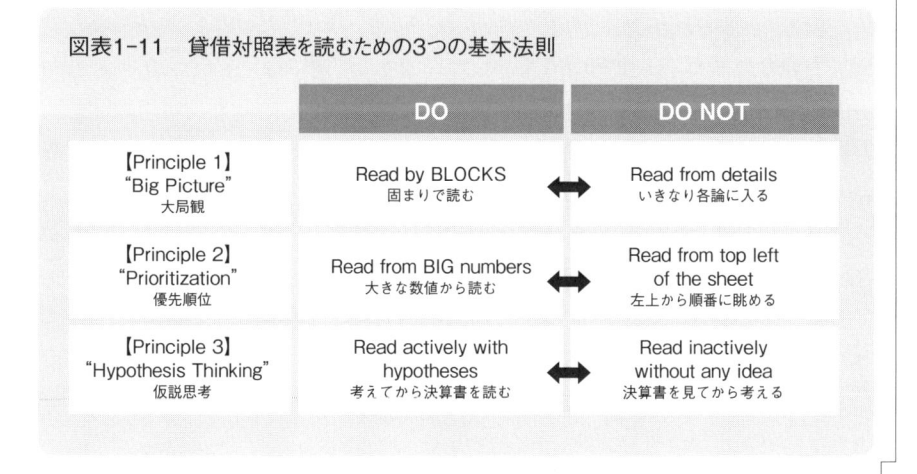

図表1-11　貸借対照表を読むための3つの基本法則

	DO	DO NOT
【Principle 1】"Big Picture" 大局観	Read by BLOCKS 固まりで読む	Read from details いきなり各論に入る
【Principle 2】"Prioritization" 優先順位	Read from BIG numbers 大きな数値から読む	Read from top left of the sheet 左上から順番に眺める
【Principle 3】"Hypothesis Thinking" 仮説思考	Read actively with hypotheses 考えてから決算書を読む	Read inactively without any idea 決算書を見てから考える

| 第1の法則 | 大局観：BSは固まりで読む |

　決算書が難しい言葉と数字の羅列にしか見えない方は、細部にこだわりすぎるきらいがあります。細部に目が行くのは悪い話ではないのですが、それは大局観をつかんでからの話。大局観のないまま細かいことばかり追い求めるのは、あまり効率的ではありません。**まずは、できるだけ大きな固まりでBSをとらえましょう。**

　BSの左側全体を日本語では「資産」と言います。右側には「資本」という言葉がありますが、この資産と資本の言葉が似ているので、時折混乱している人を見かけます。英語では資産をAssetと言います。資本はEquityと呼ぶので、両者がまったく別のものだということは、一目瞭然です。

　ちなみに、この両者が効率的に利益を生み出しているかを計算するのが、ROA（Return on assets）とROE（Return on equity）です。日本語ではそれぞれ、総資産利益率、株主資本純利益率と、じつに難解な表現になります。英語では名称がそのまま数式を表すので、覚えるにも一挙両得です。ROAと言われればAssetにReturnをOnする（乗せる）、つまりReturn（利益）をAsset（資産）で割り算すればよいということになります。

　BSの左側は大きく2つの固まりに分かれます。Current assets（流動資産）とFixed assets（固定資産）。要は短期的に保有するのか、長期的に保有するのかということ。短期なのか長期なのかは、1年以内か1年超かのOne Year Rule（1年基準）にもとづいて定めるのが原則です。なお、FixedをNon current（非流動）と表記する場合もあります。

　鉄鋼や紙・パルプなどの重厚長大系の企業では、工場への投資が巨額でしょうから、Current assetsより、Fixed assetsのほうが大きいのが普通です。反対に、店舗は保有せずに賃借して、在庫を販売していくような小売業では、Current assetsのほうが大きい可能性が大でしょう。

BSの右側も大きく2つの固まりに分かれています。世の中に存在するお金は、自分のモノと自分以外のモノしかありません。そこで右側のお金の出どころは、「自分のモノ＝株主のもの＝Shareholders' equity」と、「人のモノ＝返済義務がある負債＝Liabilities」の2つに分けて記します。

　2012年現在の日本の会計基準では、株主の持分を「純資産」と呼びます。そのまま英訳すればNet assetsとなりますが、本書ではより直接的な表現であるShareholders' equity（株主資本）を用いていきます。LiabilitiesがCurrent liabilities（流動負債）とFixed liabilities（固定負債）に分かれるのも、One Year Ruleが原則です。なお、Liabilitiesは、通常複数形で表記します。

　Shareholders' equityは国や会計基準によって、その中身がとくに大きく異なります。だからこそ、大局観を持ってとらえることが大切です。いずれの会計基準にかかわらず、Shareholders' equityのなかでいつでも最初に着眼してほしい科目は、Retained earningsです。そのままRetain（獲得）されたEarnings（利益）と読めば、過去の企業活動から内部留保されてきた利益の総和とわかります。Retained earningsは日本語では「利益剰余金」と呼びますが、これも英語のほうがストレートでわかりやすい用語の代表例と言えるでしょう。

　Retained earningsを最初に見てほしい理由は、この数値の大小が、その企業の過去の成績をおおむね物語ってくれるためです。この数値が相対的に大きければ、過去にしっかり稼いできた企業。見劣りしていれば、過去にあまり稼いでこなかった企業か、できたばかりの企業と判断できます。過去が将来を約束するものではないですが、過去を知らずに将来の考察はできません。

　また、Retained earningsが潤沢な企業は、株主からの払込資本（Common stock、Additional paid-in capital）や、銀行などからの借入れ（Debt。Interest bearing debt＝有利子負債とも言う）がなくとも、経営していくことができます。よって、**両者には反比例の関係（多いRetained earnings ⇔ 少ないCommon stock、Additional paid-in capital、Debt）が表れる**のが、優良企業によく見られる1つのパターンです。

| 第2の法則 | 優先順位：BSは大きな数値から読む |

　決算書が数字の羅列にしか見えない方でも、どの数字が1ケタ大きいか、小さいかの判断は一瞬でつきます。その企業にとって大切な勘定なら、おのずと大きくなって現れるはず。たとえば鉄鋼メーカーのInventories（棚卸資産）とか、不動産会社のBuildings（建物）とか、鉄道会社のDebt（有利子負債）などがそうです。
　できるだけ大きな数字を見つけて、そこから読み進めることで、BSのすべてを見なくてもその企業の特徴を大まかにつかむことができます。優先順位をつけることは、たんに効率性を追求する目的だけでなく、分析企業の経営において重要となる投資や調達を見きわめる上で、非常に重要なのです。

| 第3の法則 | 仮説思考：BSは考えてから読む |

　3つめの法則は、すでにH&Mを題材にして、ここまで試みてきました。**決算書を見てから考えるのではなく、考えてから読む**ということです。あくまで仮説（Hypotheses）なので、間違えてもよいのです。1度自分のなかで結論を出しておくことで、思ったとおりであればハッピー、間違っていればWhy?（なぜだろう?）という一歩掘り下げた分析ができるようになります。
　H&Mで試みたように、自分がその企業に関して知っているビジネスや経営のあり方を想像して、それを言葉にして、BSにどう反映されるかを思い描いてみましょう。その際には、ホームページを見たり、その会社に詳しそうな人から話を聞いてみたりするのも、とても有益なことです。

STEP 5-2
H&Mの貸借対照表を読む
Read H&M's Balance Sheet

それでは、先ほどの3つの基本法則を大切にしながら、H&MのBSを読んでいくこととしましょう。

まずは第3の法則「BSは考えてから読む」です。すでにここまでの議論から、H&MのBSのイメージはかなりできています。BSに関して問いかけたい10個の質問と、それに対するイメージや仮説を記してみましょう。これらはあくまで仮説なので、なかには誤りが入っているかもしれません。

図表1-12 H&Mの貸借対照表のイメージと仮説

Current assets 流動資産	Is their cash large/small? ➡ かなり儲かってるし、店舗や工場は持たざる経営方針だからキャッシュリッチ? Is their A/R large/small? ➡ 小売業は現金商売。売掛金そのものがほとんどないでしょう? Is their inventory large/small? ➡ 在庫の回転が速いということは、余分な在庫はいつも少ないということ?	**Liabilities** 負債	Is their A/P large/small? ➡ 700ものサプライヤーから仕入れるくらいだから、H&Mのほうが力を持ってる⇒支払いは遅いので買掛金は多い? Is their debt large/small? ➡ Self-financeで店舗拡大するとしているのだから、無借金経営が原則のはず?
Fixed assets 固定資産	Is their PP&E large/small? ➡ 工場も店舗も自社で所有しないから、有形固定資産は少ないはず? Is their intangible fixed asset large/small? ➡ 年10%を超える成長目標はM&Aなしでは不可能だろうから、のれん等が多い? 店舗を賃借する際の敷金・差入保証金も多額か? Is their long-term held securities investment large/small? ➡ 日本企業のような持合株などないだろうから、これは少ない?	**Share-holders' equity** 株主資本	Is their common stock large/small? ➡ 利益剰余金が潤沢なので、株主からの払込資本は必要ないので少ない? Is their retained earnings large/small? ➡ 過去の堅調な事業推移、今後の年10~15%成長をself-financeで実現すると明言できる事実からして、潤沢な利益剰余金を保有しているはず?

図表1-13　H&Mの連結貸借対照表

GROUP BALANCE SHEET
SEK M

30 November	2011	2010
ASSETS		
FIXED ASSETS		
Intangible fixed assets		
Brands	302	349
Customer relations	84	97
Leasehold rights	585	688
Goodwill	64	64
	1,035	1,198
Tangible fixed assets		
Buildings and land	804	656
Equipment, tools, fixture and fittings	16,589	14,813
	17,393	15,469
Long-term receivables	608	518
Deferred tax receivables	1,234	1,065
TOTAL FIXED ASSETS	20,270	18,250
CURRENT ASSETS		
Stock-in-trade	13,819	11,487
Current receivables		
Accounts receivables	2,337	2,258
Other receivables	1,375	1,453
Prepaid expenses	1,110	876
	4,822	4,587
Short-term investments	6,958	8,167
Liquid funds	14,319	16,691
TOTAL CURRENT ASSETS	39,918	40,932
TOTAL ASSETS	60,188	59,182

30 November	2011	2010
EQUITY AND LIABILITIES		
EQUITY		
Share capital	207	207
Reserves	-487	-369
Retained earnings	28,563	25,653
Profit for the year	15,821	18,681
TOTAL EQUITY	44,104	44,172
LIABILITIES		
Long-term liabilities		
Provisions for pensions	377	257
Deferred tax liabilities	950	906
	1,327	1,163
Current liabilities		
Accounts payable	4,307	3,965
Tax liabilities	1,851	2,304
Other liabilities	2,428	2,202
Accrued expenses and prepaid income	6,171	5,376
	14,757	13,847
TOTAL LIABILITIES	16,084	15,010
TOTAL EQUITY AND LIABILITIES	60,188	59,182

連結貸借対照表
百万スウェーデンクローナ

11月30日	2011	2010
総資産の部		
固定資産		
無形固定資産		
ブランド	302	349
販売権	84	97
賃借権	585	688
のれん	64	64
	1,035	1,198
有形固定資産		
建物・土地	804	656
装置・家具・什器	16,589	14,813
	17,393	15,469
長期債権	608	518
繰延税金資産	1,234	1,065
固定資産合計	20,270	18,250
流動資産		
棚卸資産	13,819	11,487
短期債権		
売掛金	2,337	2,258
その他未収金	1,375	1,453
前払費用	1,110	876
	4,822	4,587
短期投資	6,958	8,167
流動性資金	14,319	16,691
流動資産合計	39,918	40,932
総資産の部合計	60,188	59,182

11月30日	2011	2010
株主資本及び負債の部		
株主資本		
資本金	207	207
資本準備金	-487	-369
利益剰余金	28,563	25,653
当期利益	15,821	18,681
株主資本合計	44,104	44,172
負債		
長期負債		
退職年金	377	257
繰延税金負債	950	906
	1,327	1,163
流動負債		
買掛金	4,307	3,965
未払税金	1,851	2,304
その他負債	2,428	2,202
未払費用及び前受金	6,171	5,376
	14,757	13,847
負債合計	16,084	15,010
株主資本及び負債の部合計	60,188	59,182

出所：H&M Annual report及びFinancial report

総資産回転率を計算してみる

　次に、第2の法則にあった優先順位「左の上から読むのではなく、大きな数値から読む」を思い出してください。BSで必ず1番大きな数値、それはTotal assets（資産合計）です。Total assetsの601億クローナは、Sales（売上）の1,099億クローナの約半分に相当しています。SalesをTotal assetsで割った値を、Total assets turnover rate（総資産回転率）と言います。

　Turnoverには、反転や急転といった意味がありますが、要はAssetsに対してSalesが何回転したかということ。日本の製造業はこの値が1倍近辺になることが多いですが、小売業、とくにH&Mのような持たざる経営を推進する企業では、おのずと高い値となってきます。

　私は決算書を見るときに、このTotal assets turnover rateを必ず初めにとらえます。PLとBSのどちらがより膨らんでいるかをつかむことで、その企業のおおよその姿（同比率が1倍未満なら、BSの大きなどちらかというと装置産業型、1倍超ならPLの大きな持たざる経営型）を知ることができるからです。

　H&MのTotal assets turnover rateは、次のように計算できます。なお、BSの値（総資産）は2年度の平均値とすることで、期中平均に近づけて計算するのが一般的です。

$$\text{Total assets turnover rate(times)} \text{（総資産回転率（倍、回））} = \frac{1{,}099\text{億クローナ}}{(601\text{億}+591\text{億})/2} = 1.8\text{倍}$$

　2倍近い値は、小売業のなかでも高めの回転率と言えます。日本国内の小売業界平均値は、1.5倍程度（出所：『戦略思考で読み解く経営分析入門』大津広一著）です。H&Mが、それだけ効率的に資産から売上を生み出していることがわかります。

| BSの左側1 | 流動資産を読む |

　次に、第1の法則「BSは固まりで読む」に従って、読み進めていきます。左側は、2つの固まりのうち、Current assets（流動資産、399億クローナ）がFixed assets（固定資産、202億クローナ）の2倍弱に達しています。そこで、第2の法則「BSは大きい数値から読む」に従って、Current assetsから読んでいきましょう。

　なお、**日本の会計基準では、原則Current assetsを先に、Fixed assetsを後に書きますが、H&Mが採用しているIFRS（国際会計基準）では、その順番に関してとくに指定はありません。**しかし、H&Mのように、Fixed assetsから表記する企業が多いようです。

　Current assetsのなかでも、さらに大きな数値を優先して読んでいきます。順に、Liquid funds（流動性資金、143億クローナ）、Stock-in-trade（棚卸資産、138億クローナ）、Short-term investments（短期投資、69億クローナ）、Accounts receivables（売掛金、23億クローナ）です。

①Liquid funds（Cash and cash equivalents）（流動性資金）

　Liquid fundsとはあまり耳にしない勘定科目です。こうした場合は、アニュアルレポートで「Liquid funds」と検索して確認してみます。すると、次のように説明されています。

　　Liquid funds consist of cash and bank balances as well as short-term investments with a maximum term of three months from the date of acquisition. These investments carry no significant risk of changes in value.

　現金、預金、そして満期が3ヵ月以内の有価証券が含まれていて、価値の変動リスクは少ないとのこと。一般的な英語ではCash and cash equivalentsと

呼ばれ、日本語では「現金及び現金同等物」と訳します。2011年度末の残高は143億スウェーデンクローナです。

また、先に触れてしまいますが、その1つ上に、Short-term investments（短期投資）が69億クローナあります。要は満期が3ヵ月超1年以内の短期投資なので、これも実質キャッシュと考えて差し支えありません。H&Mのような一般の事業会社が、こうした有価証券投資で大きなリスクを取ることは考えにくい＝実質キャッシュと考えるわけです。

2つの科目の合計額212億クローナは、売上1,099億クローナの約2割、総資産601億クローナの35％に相当します。2ヵ月半（12ヵ月×2割）の月商に相当し、**日本円に換算すると2,500億円というじつに巨大な額です**。H&Mはキャッシュリッチ・カンパニー（Cash rich company）と言ってよいでしょう。

②Stock-in-trade（Inventory）（棚卸資産）

Stock-in-trade（棚卸資産）は138億クローナで、Current assetsでは、Cashに次いで大きな勘定科目です。棚卸資産は販売された時点でCOGS（売上原価）となってPLに現れるため、COGSの438億クローナと比較すると、約3割（138億÷438億＝0.32）に相当します。3割とは3〜4ヵ月相当（12ヵ月×30％）なので、感覚的にも決して少ない在庫量ではありません。

食品と同じように、衣料の商品ライフサイクルは比較的短いはずなのに、在庫量が多いことに一瞬違和感を覚えます。冒頭で立てた仮説も、「在庫の回転が速いということは、余分な在庫はいつも少ないということ？」でした。

一方で、ここまで発見してきたH&Mの企業活動の中身から、H&Mの在庫が多くなる理由として、次のことが考えられます。

- ベーシックと最新トレンドのファッションをバランスよく、豊富な品揃えで提供していること
- 43の市場で2,472もの店舗を展開していること

- SPAモデルのため、製造委託した商品に引き取り義務が発生すること
- 大量購買による原価低減が在庫量の押し上げにつながっていること
- 大きく4つの季節で商品を入れ替えているため、平均3〜4ヵ月の在庫は妥当とも言えること

サプライチェーン・マネジメント（SCM）によって在庫量の最適化を図ってはいるのでしょうが、それでもこうした理由から、在庫は決して少なくない量に膨らんでいます。

しかし、忘れてならないのは、H&MのGross margin（売上高総利益率）は60％、すなわち仕入コストに対して6割ものマージンを乗せて販売できる企業だということです。過度に在庫を圧縮するより、多少の廃棄は前提としても**多めの在庫量を保有したほうが、総合的に見てH&Mの成長や高利益率、ひいてはブランドイメージの向上につながっていくはずです**。

③Accounts receivables（売掛金）

Accounts receivables（売掛金、A/Rと略されることが多い）は23億クローナ。これは売上高1,099億クローナのわずか50分の1なので、365日×1/50＝7.3日、すなわち1週間程度の売上相当です。クレジットカード会社からの入金待ちや、一部法人向けの販売などからと考えられますが、いずれにしても「小売業＝現金商売＝A/Rは極少」が成立しています。

| BSの左側2 | 固定資産を読む |

次に、Current assets（流動資産）に比べれば金額はほぼ半分なので分析の重要性は下がりますが、Fixed assets（固定資産）も見ておきましょう。

ここではむしろ、「全世界に2,000超もの店舗を展開しながら、なぜこれほど少ない固定資産（売上比で見れば、わずか6分の1の金額）で経営できるの

か？」という疑問と興味を持ちながら考えていくのがよいでしょう。**違和感を覚えるところを自分なりのクイズに置き換えてしまうのです。そうすることで、同じ種明かしを考えるプロセスでも、「分析」というより「クイズ」とか「パズル」といった感覚になり、プロセスそのものも、もっと楽しくなるはずです。**

さて、Fixed assetsのなかで大きな勘定科目は順に、Tangible fixed assets（有形固定資産、173億クローナ）、Intangible fixed assets（無形固定資産、10億クローナ）、Deferred tax receivables（繰延税金資産、12億クローナ）、Long-term receivables（長期債権、6億クローナ）です。

④Tangible fixed assets（Property, plant, and equipment）（有形固定資産）

Tangible fixed assets（有形固定資産）は、Buildings and land（建物及び土地）で8億クローナ、Equipment, tools, fixtures and fittings（装置・家具・什器）で165億クローナ、合わせて173億クローナです。

やはり、建物や土地よりも、2,400超の店舗内にある家具・什器等が圧倒的に大きな額です。固定資産を日本語では「有形 vs. 無形」と表現しますが、英語ではTangible（触ることのできる）、Intangible（触ることのできない）と表現して区分けします。視覚に訴える日本語に対して、英語は触覚なのですね。

173億クローナと言われても、果たして多いか少ないかの判断はつきにくいものです。これもTurnoverの概念を使って、Sales（売上高）をTangible fixed assets（有形固定資産）で割ってみます。

$$\text{Fixed assets turnover rate(times)} \atop \text{有形固定資産回転率（倍、回）} = \frac{\text{Sales}}{\text{Tangible fixed assets}}$$

Tangible fixed assets turnover rate（有形固定資産回転率）は、Sales 1,099億クローナを164億クローナ（2年度の平均値）で割って約7倍となります。日本の小売業界の平均値は4倍程度（出所：『戦略思考で読み解く経営分

析入門』大津広一著）なので、H&Mの有形固定資産は、売上規模に比べて非常に少ないと判断できます。工場や店舗の持たざる経営による分母の圧縮、そしてもちろんビジネスの成功による分子の売上拡大が、その背景にあります。
　なお、分母のTangible fixed assetsは、2年度の平均値を用いるのが一般的です。

⑤Intangible fixed assets（無形固定資産）

　Intangible fixed assets（無形固定資産）にはさまざまなものがありますが、合計でも10億クローナなので、インパクトは小さいです。
　1番大きな科目は、Leasehold rightsの5.8億クローナです。リースするための権利、つまり賃借権です。店舗を賃借する際に不動産オーナーに預けている敷金・保証金の類です。仮に2,400超の店舗を自社ですべて所有した場合に発生する巨額の設備投資額を考えれば、5.8億クローナは微々たる金額と言えるでしょう。H&Mのような集客力の優れたテナントであれば、不動産オーナーが要求するLeasehold rightsも限定的なはずです。
　また、過去のM&A（企業の合併・買収）に伴って発生したGoodwill（のれん）やBrands（ブランド）もありますが、両者を合わせてわずか4億クローナ弱です。H&MがM&Aで拡張してきたのではなく、自己の有機的成長（Organic growth＝既存事業の成長）によって拡大してきたことが読みとれます。

⑥Deferred tax receivables（繰延税金資産）

　Deferred tax receivablesはDeferred tax assetsとも呼ばれるもので、日本語では「繰延税金資産」と訳されます。財務会計上と税務会計上の一時的な利益相違にもとづく税金の差異を、調整するための勘定科目です。

⑦Long-term receivables（長期債権）

　アニュアルレポートのNotes（脚注）で確認すると、6億クローナすべてが

Financial assets held to maturity、すなわち満期保有目的の金融債権とわかります。これもH&Mが保有する実質キャッシュと考えて差し支えないでしょう。

　ここまでの左側のAsset（資産）の分析からわかったのは、**左側の資産の4割近くは実質キャッシュであり、小売業としての在庫は1季節（3～4ヵ月）相当を抱えながら、持たざる経営としてのTangible fixed assets（有形固定資産）の圧縮と、小売業としてのAccounts receivables（売掛金）の極少化を実現していること**です。

　M&Aに伴う資産が少ないことから、これまでのところは自己成長によって拡大してきたことも読みとれます。投資額（H&Mの場合は、店舗や工場の不動産、M&Aなど）を抑える戦略や事業モデルを保有し、それがうまく機能して利益を生み出している企業は、キャッシュリッチになるのが一般的です。H&Mはその典型的な例と言えるでしょう。

| BSの右側1 | 株主資本を読む |

　一方の右側は、Total equity（株主資本）がTotal equity and liabilities（株主資本及び負債の部合計）の73%を占めています。この2つの固まりの大きさをチェックするだけでも、**潤沢なRetained earnings（利益剰余金）**と、**Self-financed（自己資金）にもとづく少ない負債**という、先に挙げた2つの仮説は正しいことが確認できます。

　まずは、Total equityのなかでもっとも大きいRetained earnings（利益剰余金、443億クローナ）、そして企業として不可欠なShare capital（資本金、2億クローナ）の順に見ていきます。

⑧**Retained earnings（利益剰余金）**

　Retained earnings（利益剰余金）の443億クローナ（Retained earnings 285

億＋Profit for the year 158億）は、Total equity（株主資本）とほぼ同額です。すなわち、右側全体の73%を占める過去の利益の蓄積によって、左側資産の大部分がまかなわれていることが確認できます。

⑨Share capital（Common stock）（資本金）

　Share capitalは株主からの払込資本である「資本金」を意味します。一般的にはCommon stockと記されます。資本金は2億クローナ、円換算するとわずか24億円です。いかに少額の払込資本によって、ここまで成長してきたかがうかがえます。
　H&Mの経営方針にあったSelf-financedとは、自己資金で経営するということ。裏を返せば、有利子負債や新たな株主からの払込資本には頼らないということです。H&Mの経営方針が、きちんと決算書に反映されています。

| BSの右側2 | 負債を読む |

　最後に、右側全体の27%を占めるLiabilities（負債）です。Current liabilities（流動負債）147億クローナがLong-term liabilities（長期負債）13億クローナを圧倒的に上回るため、Current liabilitiesから見るべきです。
　Current liabilities（流動負債）のなかでは順に、Accrued expenses and prepaid income（未払費用及び前受金、61億クローナ）、Accounts payable（買掛金、43億クローナ）、Tax liabilities（未払税金、18億クローナ）が目立ちます。Long-term liabilities（長期負債）はどれも少額ですが、そのなかではDeferred tax liabilities（繰延税金負債、9.5億クローナ）が大きな値となっています。

⑩Accrued expenses and prepaid income（未払費用及び前受金）

　アニュアルレポートのNotes（脚注）を見ると、店舗に関する未払いコスト（Costs relating to premises）が最大額となっていることがわかります。

⑪Accounts payable(買掛金)

　Accounts payable(買掛金。A/Pと略されることが多い)の43億クローナは、COGS(売上原価)438億クローナのほぼ1割弱、つまり1ヵ月強(12ヵ月×1割)の販売量に相当しています。

　サプライヤー(間に中間業者を挟んでいれば、その業者)に対する支払いは、月末締めの翌月末払いなどの1ヵ月サイトで行っていると想定されます。仮説は「H&Mの力が強い＝支払いは遅い」というものでしたが、意外と支払いは早いことがわかりました。仮説がはずれたときは、残念に思うのではなく、「なぜなんだろう?」ともう一歩分析を掘り下げるチャンスだととらえましょう。

　たとえば、①小売業は現金商売だから、即入金されるので支払いも早く行える、②支払いを早く行うことを条件に、仕入コストの低減を図っている、③700のサプライヤーとの共存共栄を重視した政策を敷いている、などが想定できます。

⑫Tax liabilities(未払税金)

　前年度の利益に対する法人税や、VAT(付加価値税)などの未払い分が計上されていると思われます。

⑬Deferred tax liabilities(繰延税金負債)

　Deferred tax liabilitiesは、日本語では「繰延税金負債」と訳されます。財務会計上と税務会計上の一時的な利益相違にもとづく税金の差異を、調整するための勘定科目です。

　H&MのBS上にDebt(有利子負債)の文字はありません。PL上に若干のinterest expense(支払利息)があるので、有利子負債がOther liabilities(その他負債)に含まれている可能性もありますが、いずれにしても微々たる金額です。経営方針にあったSelf-financedが十分実現できていると言えるでしょう。

H&MのBSから読みとれること

この章の冒頭に掲げた仮説や疑問に対して、さらに解明できたことをまとめておきましょう（図表1-14）。

仮説2 在庫の回転が速いということは、余分な在庫はいつも少ないということ？

図表1-14　H&Mの貸借対照表の実際の姿

	Current assets 流動資産		Liabilities 負債	
	Is their cash large/small?	儲かっていて、持たざる経営方針から、2ヵ月半の月商相当の潤沢なキャッシュを保有。	Is their A/P large/small?	支払いサイトは1ヵ月強で意外と短い。現金商売、原価低減寄与、共存共栄重視などが想定される。
	Is their A/R large/small?	小売業だから、売掛金は極少。	Is their debt large/small?	Self-financedが方針なので無借金。
	Is their inventory large/small?	品揃え、店舗数、SPA、大量購買、季節性、機会損失回避から、3ヵ月を超える在庫量を保有。		

	Fixed assets 固定資産		Shareholders' equity 株主資本	
	Is their PP&E large/small?	工場も店舗も自社で所有しない方針から、売上の7分の1程度と少ない。	Is their common stock large/small?	わずか2億クローナの資本金は、潤沢な利益の蓄積と、Self-financedの経営方針を裏づけるもの。
	Is their intangible fixed asset large/small?	店舗賃借に伴う賃借権が最大科目。M&Aに関する勘定は少ないので、自力成長が主と判断できる。	Is their retained earnings large/small?	BS右側の73%を占める潤沢な利益剰余金を保有。
	Is their long-term held securities investment large/small?	長期運用している投資有価証券6億クローナも、実質キャッシュと判断できる。		

　　　　→→→ベーシックと最新トレンドを豊富な品揃えで提供、43の市場で2,472店舗を展開、SPAモデルのため商品の引き取り義務が発生、大量購買による原価低減、4つの季節で商品を入れ替え、機会損失回避のための余裕在庫、などの理由から平均3〜4ヵ月相当の在庫を保有している。

仮説4　店舗を自分で持っていれば、有形固定資産が多い。借りていれば、家賃と敷金の差入額が多い。

　　　　→→→店舗は賃借が方針なので、建物や土地などの有形固定資産は少なく、代わってEquipment tools, fixtures and fittings（装置・家具・什器）やLeasehold rights（賃借権）を多く保有している。

仮説8　工場を自分で持っていれば、有形固定資産が多い。持っていなければ少ないはず。

　　　　→→→工場は持たない方針なので、建物や土地はきわめて少ない。

　H&MのBSの右と左は、ざっと図表1-15のイメージです。小売業としての商品在庫そのものと、店舗のなかにある装置・家具・什器に投資を集中することで、これまで稼いできた利益の半分は、キャッシュとして手元に2,500億円相当置いてあるということです。

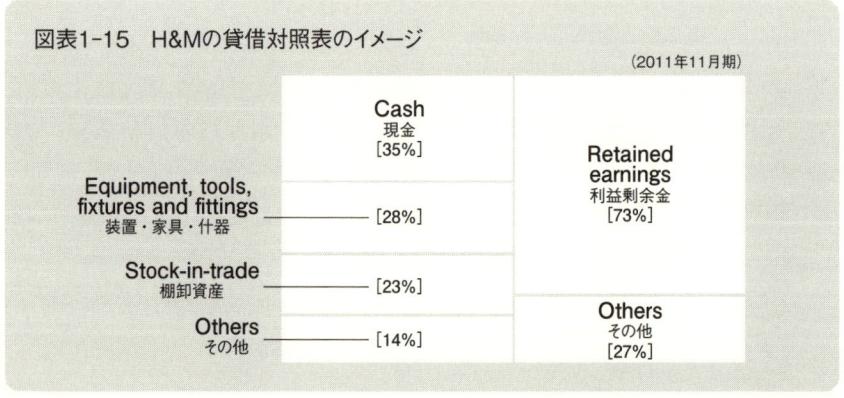

図表1-15　H&Mの貸借対照表のイメージ

（2011年11月期）

資産		負債・純資産	
Cash 現金	[35%]	Retained earnings 利益剰余金	[73%]
Equipment, tools, fixtures and fittings 装置・家具・什器	[28%]		
Stock-in-trade 棚卸資産	[23%]	Others その他	[27%]
Others その他	[14%]		

出所：H&M Financial reportをもとに著者作成

H&Mのアニュアルレポートを参照しながら進めてきた決算書分析を、最後にまとめておきましょう。

　H&Mが目指す企業像は「Fashion & Quality at the best price」のシンプルな表現で語られています。これを実現するための4つの基本戦略は、①デザイナーの社内確保、②年10～15％の店舗数拡大、③Valuesの明確化（シンプル性、継続的な改善、チームスピリット、コスト意識、起業家精神）、④工場の非保有です。Fashion & Qualityを追求することと、年10～15％の急速な成長を目指すことは、一見すると矛盾にすら思えます。しかも、それをHighest priceではなくBest price（お手頃な価格）で提供するというのが企業ビジョンです。

　Best priceで提供するには、ある程度の規模によって、仕入コストを低減していくことが望まれます。これをスウェーデンという限られた自国市場だけで実現することはまず不可能でしょう。このように、**自社の目指す企業像が必然的にグローバル市場を見すえた行動を要求し、それを実現してきたのがこれまでのH&Mなのです**。

　H&Mでは、**自社が徹底して保有するもの（デザイナーの社内確保、在庫の量や種類、9万4,000人の従業員、ベストな商業立地）と、徹底して保有しないもの（製造工場、店舗の不動産、外部からの資金調達）を明確にしています**。その多くが、決算書からも十分読みとることができました。

　こうした事業モデルの成功によって、H&Mは無借金である上に、**2,500億円ものキャッシュを手元に保有**しています。しばらくはH&Mブランド店舗の有機的成長が中心となるでしょうが、魅力ある企業やブランドがあれば、将来的には大型M&Aも視野に入れた経営を目指していくのかもしれません。少なくともそのための軍資金と言える潤沢な手元キャッシュと、それを継続して生み出す事業モデルを、H&Mはしっかりと確保しているのです。

ケース・クロージング

Case Closing

　H&Mのホームマーケットは、スウェーデンという人口1,000万弱の小さな市場です。国々が近接しているヨーロッパ企業ということもありますが、国外市場への進出は、企業が存続するための不可避な要件です。

　それに比べるとファーストリテイリングは、人口が13倍近い日本という巨大市場での勝ち組企業です。なぜそこまでして、ファーストリテイリングは海外での急成長を目指すのでしょうか？　そして、なぜ英語を公用語にまでしなくてはならないのでしょうか？

　これらファーストリテイリングに関する疑問を解消するために、この章ではアパレル小売業世界トップの1つであるH&Mを分析してきたわけです。ファーストリテイリングがグローバル市場で競っている企業、より正確に言えば、いよいよ真正面から競っていく企業の姿が、いかに傑出したものか、納得されたでしょうか。

　H&Mとファーストリテイリングの2011年の主な数値を、図表1-16に並べてみましょう。

　ファーストリテイリングがH&Mを上回る（表の右端の数値が1以下）のは、過去5年間の平均売上成長率のみです。とくに**売上高（1.6倍）、営業利益（2.1倍）、純利益（3.5倍）と、PLの下に行くほど両社の差が開いている事実は、それだけH&Mの利益率がファーストリテイリングより優れていること**を意味しています。

　また、営業利益までをさらに分解してみると、ファーストリテイリングの売上高販管費率がH&Mに比べて3%少ないのは、日本国内中心の効率的な経営から来るものと想定できます。

　H&Mはスウェーデンを含む43の市場に2,472店舗を展開しているため、小売業の3大販管費とも言える、人件費、家賃、広告宣伝費の投下が、どうしても分散せざるをえません。にもかかわらず、**売上高営業利益率でH&Mがファーストリテイリングを5%上回るのは、それだけH&Mの売上高総利益率が優れている（ファーストリテイリングの52%に対して、H&Mは60%）**のです。

図表1-16　H&Mとファーストリテイリングの主な数値

	H&M (Nov, 2011) SEK in millions 百万円（SEK＝¥12）	ファースト リテイリング（FR） （2011年8月期） 百万円	H&M÷FR
Sales 売上高	SEK109,999（100%） ¥1,319,988	¥820,349 （100%）	1.6
Gross profit（margin） 売上総利益（率）	SEK66,147（60%） ¥793,764	¥425,767 （52%）	1.9
SG&A（margin） 販管費（率）	SEK45,768（41%） ¥549,216	¥309,401 （38%）	1.8
Operating profit（margin） 営業利益（率）	SEK20,379（19%） ¥244,548	¥116,365 （14%）	2.1
Net profit（margin） 純利益（率）	SEK15,821（14%） ¥189,852	¥54,354 （7%）	3.5
CAGR in sales over past 5 years 過去5年間の年平均売上成長率	9%	12%	0.8
Number of stores 店舗数	2,472	2,088 （うち、Uniqloは1,024）	1.2
Number of stores outside home country 自国以外の店舗数	2,299 （全ブランド含む）	181 （Uniqloのみ）	12.7
Number of markets where stores exist 店舗展開市場の数	43	10（Uniqloのみ。米、英、仏、韓国、中国、香港、台湾、シンガポール、マレーシア、ロシア）	4.3
Number of employees 従業員数	64,874	33,323	1.9

注：CAGR＝Compound annual growth rate。従業員数は臨時従業員もフルタイム社員換算して加算
出所：H&M Annual report及びFinancial report、ファーストリテイリング有価証券報告書、各社ホームページをもとに著者作成

「Fashion & Quality at the best price」がコストに十分見合うかたちで実現できていることになります。

　冒頭に掲げた10の仮説のなかで、あと1つだけ、結論を導いていないものがあったことを思い出してみましょう。

仮説10「ユニクロはアジアを中心に成長目指すって言ってるけど、H&Mはヨーロッパの企業だから、やっぱりアジアはこれからなのかな？」
　　　　→→→国ごとの売上や店舗数は、どの程度か？

　2011年11月現在、H&Mのアジア店舗は、中国82、日本15、韓国6、シンガポール1です。合計104店舗は、H&M全社2,472店舗のわずか4.2%です。成長市場のアジアについては、両社にとって、これからがまさに主戦場となっていくことでしょう。
　図表1-16で両社の差がもっとも顕著に表れている（表の右端の数値が最大）のは、自国以外の店舗数です。**H&Mは9割超がスウェーデン以外の店舗ですが、ファーストリテイリングはユニクロだけで見ても2割弱です。アジアはこれからの主戦場とは言っても、現時点でどちらがグローバル市場での実績とノウハウを持っているかと言えば、その差は歴然としています。**
　もちろん、H&Mの公用語は英語であることは間違いないでしょう。というより、そもそもどの言語が公用語なのかを定義していること自体、次元の低い話にすら思えてきます。全店舗のたった1割にも満たない店舗しかない国の言語を皆が話すことは、到底現実的ではありません。
　さて、こうした両社の違いを、株式市場はどう評価しているのでしょうか。
　図表1-17は、ファーストリテイリングのホームページにあるIR情報から、「業界でのポジション」というバナーをクリックして得られるグラフです。**私はこれまで多くの企業の投資家向け情報サイトを見てきましたが、世界の競合との株価比較を自社のHPにグラフで示している企業は初めて見ました。**残念

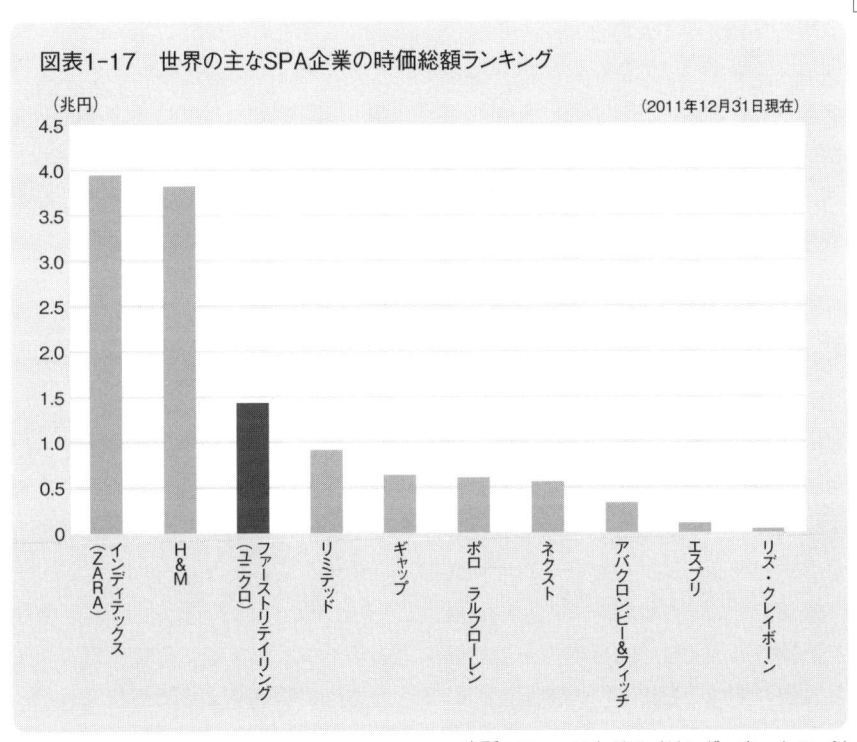

図表1-17　世界の主なSPA企業の時価総額ランキング

（兆円）　　　　　　　　　　　　　　　　　　　　（2011年12月31日現在）

- インディテックス（ZARA）
- H&M
- ファーストリテイリング（ユニクロ）
- リミテッド
- ギャップ
- ポロ　ラルフローレン
- ネクスト
- アバクロンビー&フィッチ
- エスプリ
- リズ・クレイボーン

出所：ファーストリテイリング・ホームページ

ながらグラフについてのコメントはとくにありません。そこで、**読者の皆さんが柳井会長だったら、このグラフからどんなメッセージを発したいか、想像してみてください**。たとえば、次のようなイメージです。

「H&MとかZARAとか、世界の競合の株価はうちの3倍近いよ。なぜだと思う？」
「売上は2倍も違わない、過去5年間の成長率はわれわれのほうがむしろ上回っているんだ」
「でも、純利益では4倍近く引き離されている。株価というのは、売上ではな

く利益を見ているんだ」
「加えて、売上の9割を自国以外で稼ぐ企業と、売上の9割を成熟した国内で稼ぐ企業。皆さんだったら、自分の資産を増やすために、どっちの企業に投資したいだろう？」
「では、どうやって利益を出すのか。それは成長市場に打って出て、そこで成長できる企業だと実証するしかないだろう。成熟市場に留まって満足していたら、いまがピーク。この先はじり貧になるだけだ」
「じり貧でもいいって？　それなりの商品や店舗を抱えていて、かつお買い得な株価の企業とあれば、いずれグローバルマネーのターゲットになるだろうね」

　少々過激かもしれませんが、もしかすると、要旨はこんなところなのかもしれません。成長市場の世界に打って出なければ、自社に将来はない。その世界市場の共通言語はまぎれもなく英語。本当にグローバル企業になる意思があるなら、公用語を英語にするのは不可欠な姿と言えるでしょう。
　最終的には、H&Mがそうであるように、そもそもどの言語が公用語なのかを議論することすら意味をなさない企業カルチャーとなっているはずです。柳井会長が掲げる2020年の連結売上高5兆円が本当に実現するのであれば。
　英語公用語化に関する柳井会長の言葉（2010年8月期）を引用します。グローバル化しなければ生き残れないという事態を、強い危機意識を持って確信しているからこその言葉ととらえることができるでしょう。

「我々は、ファーストリテイリングを今後60億人の世界を対象とする事業－グローバル事業－にしたいと考えています。残念ながら、世界のビジネスでの公用語は英語で、日本語ではありません。
　我々の海外のビジネスの規模が、2014年から2015年頃に、日本のビジネスの規模を超えると考えていまして、その時に、外国人の社員、経営者が日本人の社員、経営者の数を超えると考えています。

その時には、事業のホームが日本、アジアだけではなく、世界が事業のホームという企業にしたいと考えております」

最後に、なぜ成長を目指すのか。そんなシンプルな質問に対する柳井会長の答えを紹介しておきましょう。

「かつてのソニーやホンダのように、ベンチャーからスタートしてグローバル企業になる。小売業としては日本で初めてだと思うが、そういう企業になりたいなっていうことです」
「なぜ山に登るのか、と同じ話です。とりあえず、こういう立場でトップに立つチャンスだから、やってみたいっていうことだけ。意味はないです。まったく。過去ずっと零細企業からやってきて、チャンスがあるなら、やっぱり挑戦してみたいなということです」(『週刊ダイヤモンド』2010年5月29日号)

「山があるから登るのだ」。なんて格好いい言葉だと思われませんか？ 日本企業代表として、ファーストリテイリングにはグローバル市場でぜひ成功してほしいと願います。

Let's Try

前掲したファーストリテイリング社が作成した世界のSPAの時価総額ランキング（2011年12月31日）のトップ企業は、Inditex（ZARA）です。検索サイトから「Inditex investor relations」と検索して、同社の決算書を入手してみましょう。そして、H&Mと同じ現象（高い利益率や成長率、大きな在庫規模、持たざる有形固定資産、無借金経営、潤沢な内部留保等々）が見られるかを分析してみてください。

ブレイクタイム……2
Tips on Accounting in English

数字にまつわる言い方を覚えよう

1. 長い数値の読み方
　¥123,456を英語で読んでください。One two three four five six YENではないですよ。英語はカンマで区切って読めばよいのです。One hundred twenty-three thousand four hundred fifty-six YENとなります（〜yで終わる数字はハイフンでつなげます）。

2. 小数点の読み方
　小数点「.」のことを、英語ではdecimal pointと言います。では、小数点のついた数字を読むときは何と言うかご存じですか？　日本語で「点」と発音するところをpoint（ポイント）と言い換えるだけです。たとえば4.5であれば、Four point fiveと読みます。$4.50なら、four dollars (and) fifty centsです。

3. 分数の読み方
　分数のことを、英語ではfractionと言います。分子はnumerator（または単にtop）、分母はdenominator（または単にbottom）です。4/5を日本語では「5分の4」と、分母⇒分子の順に読みますが、英語では「Four fifths」と、分子⇒分母の順に読みます。
　このとき、分母はfiveではなく、fifthsとなることに要注意です。つまり、分母になる数字は次のような序数となり、分子が複数のときはsが付きます。half、third、fourth、fifth、sixth、seventh、eighth、ninth、tenth……等々。
　あるいは、4/5をFour over fiveという表現でも通じます。

4. 加減乗除の読み方
　小学校で習う加減乗除（足し算、引き算、掛け算、割り算）を英語でどう読むかご存じですか？　最初は戸惑うかもしれませんが、慣れればスラスラ読めるようになるでしょう。

足し算（Addition。答えの「和」は、SumまたはTotal）
8 ＋ 2 ＝ 10 ⇒ Eight plus two equals（is equal to）ten.

引き算（Subtraction。答えの「差」は、Difference）
8 － 2 ＝ 6 ⇒ Eight minus two equals（is equal to）six. Two subtracted（deducted）from eight equals（is equal to）six.

掛け算（Multiplication。答えの「積」は、Product）
8 × 2 ＝ 16 ⇒ Eight times（multiplied by）two equals（is equal to）sixteen.

割り算（Division。答えの「商」は、Quotient）
8 ÷ 2 ＝ 4 ⇒ Eight divided by two equals（is equal to）four.

5. 四捨五入の読み方
　四捨五入を、英語ではroundまたはround offと言います。5以上の数字を切り上げるときは「Round up」、4以下を切り捨てるときは「Round down」と表現します。そして、小数点以下を四捨五入する場合は、round ～ off to the closest whole numberとなります。

6. 累乗の読み方
　累乗のことを英語ではPowerと言います。マイクロソフト・エクセルでも、2の3乗は「＝power (2,3)」と入力して計算できます。2^3を英語ではTwo to the third power またはTwo to the power of threeと表現します。

第2章 ArcelorMittal
巨大鉄鋼メーカーの「会計指標」を分析する

ケース・オープニング

Case Opening

　日本の鉄鋼最大手の新日本製鐡（以降、新日鉄）と同3位の住友金属工業（住金）が、2012年10月に合併する予定です。

　売上や利益の低迷から、弱者が強者に呑み込まれてしまうというM&Aはよく耳にします。でも、トップと大手の「勝ち組」同士による攻めのM&Aはそう多くありません。キリンホールディングスとサントリーホールディングスのケースのように、そうした話が持ち上がっても、詳細を詰める段階で破談となってしまうこともよくあります。

　2008年秋に世界金融危機が起きるまで、日本の鉄鋼大手は売上高営業利益率で10%を上回る好業績でした。翌2009年度は金融危機の影響で赤字に陥る企業もあったものの、2010年度には各社ともに同4〜5%程度まで回復してきています。電機業界などと比べても、鉄鋼業界はこれまで再編が何度も行われてきたので、大手についてはある程度集約が進んでいます。そうした**業界の大手同士が、なぜ、さらなる経営統合を目指すのでしょうか？**

　ここまでは国内だけの話でしたから、ここではグローバル市場に目を向けてみましょう。新日鉄は国内市場では相変わらず粗鋼生産量トップですが、グローバル市場に目を転じると、かつての強さは失われています。過去には世界トップの時期もあったものの、いまでは中国勢に追い上げられて世界5位（JFEは7位、住金は25位）に甘んじています。

　その一方で、川上の資源会社や、川下を代表する自動車メーカーは集約が進んでいます。自動車などの産業は世界的な不況から、かなりきびしい姿勢で鋼材の価格交渉に臨んでいます。自動車や電機をはじめとする国内メーカーが工場をアジアなどの成長市場に移していることも、日本の鉄鋼業界にとっては大きなネガティブ要因となっています。

　では、こうしたきびしい環境に直面して、世界の鉄鋼No.1企業は、どのような経営状態にあるのでしょうか？　成長を持続させるために、どんな経営方針をとっているのでしょうか？　それを決算書から読みとることで、日本の大

手同士が合併しなくてはならない事情が明らかになるはずです。

　世界の鉄鋼最大手は、ルクセンブルクのArcelorMittal（アルセロール・ミタル）です。その企業名が示すように、ルクセンブルクのArcelorとインドのMittalが2006年に合併してできた会社です。金融危機が起きる前には、同社が新日鉄に敵対的買収を仕掛けるのではないかと話題になりました。

　最近はそうした噂も聞かないので、ArcelorMittalもまた金融危機によって大きな打撃を受けたのでしょうか？　それとも、新日鉄と住金が規模を追い求める背景には、ArcelorMittalのような海外大手の復活、あるいはそれとは異なる動きがあるのでしょうか？

　「成熟する国内市場から成長する海外市場へ」。どんな業界でも、誰もがお題目のように唱えるこの言い回し。海外のどこに何をどう投資していくかの判断は、とても大切です。でも、その前にやっておくべきことは、現存する国内ビジネスで、投資を適切に抑えながら、効率的・安定的に利益を生み出す仕組みをつくることです。

　足元の国内が盤石でなければ、不確実性の高い海外に出ていくことなど到底できません。そのための選択肢の1つが企業合併とすれば、鉄鋼業界のいまを知ることは、どんな業界にあっても学びの多い事例となるでしょう。

STEP 1
「5つの力」で業界構造をつかむ
Analyze the Five Competitive Forces

▶▶▶

　いま述べたことを整理するために、「Five Forces」(5つの力) を活用してみましょう。Five Forcesは業界の競争環境をとらえるための優れたフレームワークで、ハーバード大学のマイケル・E・ポーター教授が提唱したものです。

　具体的には、次の5つの力関係を分析することによって業界構造を解き明かしていきます。

　Five Forcesを理解する上で、鉄鋼業界ほどわかりやすい事例はありません。ケース・オープニングでも触れたように、グローバル市場では数多くの企業がひしめき合い、しかも川上 (売り手) の資源会社と川下 (買い手) の主要顧客の交渉力が日増しに高まっているからです。

①Rivalry Among Existing Competitors (企業間の敵対関係)

　ArcelorMittalの2010年のアニュアルレポートでも、「世界の鉄鋼業界はトップ5社でシェアの16%、トップ10社でも23%に満たないような、再編があまり進んでいない業界」と指摘しています (Steelmaking is still a relatively fragmented industry. In 2009, the top five producers accounted for less than 16% of global production, with the top ten accounting for 23%.)。世界トップの同社でさえシェア7% (2010 market share of approximately 7%) にすぎないわけですから、それだけ多くのプレイヤーが激しく競争していることがわかります。

②Threat of New Entrants (新規参入者の脅威)

　その背景には、中国での鉄消費が2000年頃からのたった10年間で4倍強に拡大し、いまではグローバル市場の4割強を占めている事実があることも忘れてはいけません。

　中国における鉄需要の多くは、現地の国内企業によってまかなわれています。

ArcelorMittalも合弁や出資を通して中国進出を図ってはいますが、必ずしも主導権を発揮できる立場にはありません。こうしたことから、中国の鉄鋼企業が世界の粗鋼生産量トップ10の5社を占めているほどです（2010年）。これらの企業が設備の増強を加速していることもあり、ひとたび生産過剰となれば、中国の国外に鋼材が安価で流れ出る不安も高まります。

こうした中国企業の動きは、ここ10年で起きたFive Forcesの「新規参入者の脅威」にも相当するところです。

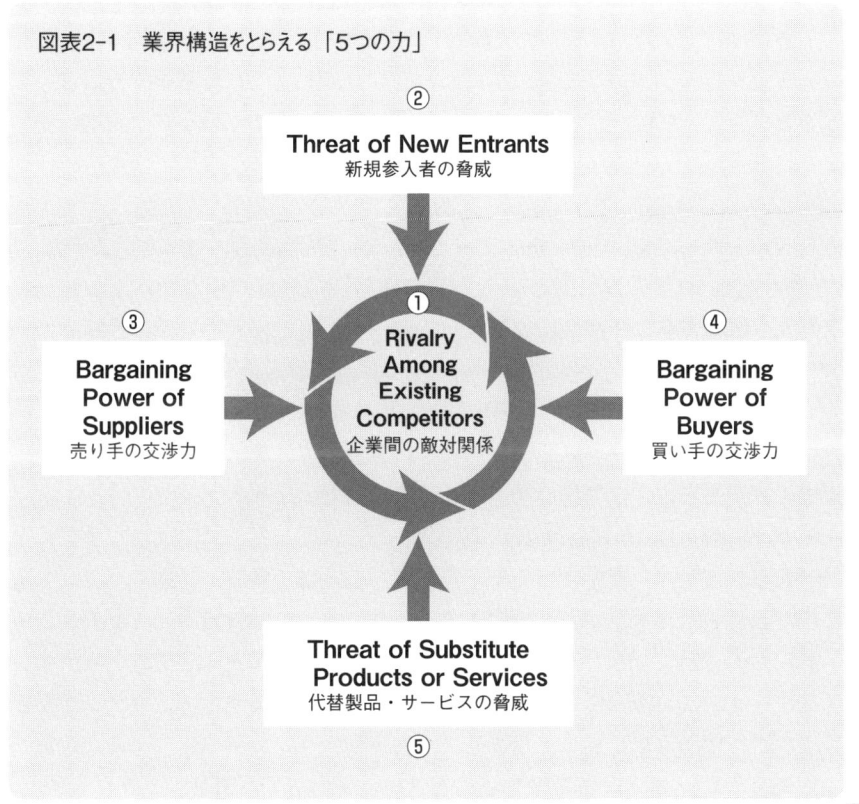

図表2-1　業界構造をとらえる「5つの力」

② Threat of New Entrants
新規参入者の脅威

① Rivalry Among Existing Competitors
企業間の敵対関係

③ Bargaining Power of Suppliers
売り手の交渉力

④ Bargaining Power of Buyers
買い手の交渉力

⑤ Threat of Substitute Products or Services
代替製品・サービスの脅威

出所：The Five Competitive Forces That Shape Strategy (Michael E. Porter)

③**Bargaining Power of Suppliers（売り手の交渉力）**
　鉄鋼業界に比べると、川上の資源会社はとても集約されています（The world mining industry, which supplies steelmakers with raw materials, is significantly more concentrated）。鉄鉱石は大手3社（BHP Billiton、Rio Tinto、Vale）で70％を占めており、明らかに強い交渉力を持っています。価格交渉力だけではなく価格交渉の頻度についても、それまでの年間契約から、四半期ごとの価格見直しを要求してきています。

④**Bargaining Power of Buyers（買い手の交渉力）**
　同アニュアルレポートでは、主要顧客のなかでもとくに自動車業界について取り上げ、「自動車はトップ10社で77％のシェアを占めている」と指摘しています（The top ten car makers have a market share of 77％）。

⑤**Threat of Substitute Products or Services（代替製品・サービスの脅威）**
　唯一の救いは、5つめのForce、つまり代替品の脅威が少ないことかもしれません。鉄はあらゆる産業のコアとなる素材なので、多くの場合、代替品は存在していません。

　いかがでしょうか？　ここまでArcelorMittalの決算書はまったく見ないで、世界の鉄鋼業界について思いを巡らせてきました。
　B2B（Business to Business）の産業なので、ピンとこない読者も少なくないかもしれません。でも、ここまで見てきたことは、新聞や雑誌の記事にも書かれていることです。いくつか触れたように、ArcelorMittalのアニュアルレポートにも書かれていました。同じように、新日鉄をはじめ、JFEホールディングス、住金、神戸製鋼所など、国内鉄鋼大手の決算資料やホームページからも確認できる情報はたくさんあります。
　馴染みのない業界の決算書を読むときは、そうした前知識（Input）を入手

してから決算書を見るクセをつけるとよいでしょう。インプットが多いほど、アウトプットは量も質も拡大します。第1章で「決算書を見てから考えるのではなく、考えてから読む」と言いました。でも考えるためには、それなりの前知識は必要ですね。

　ちなみに、前述のように中国の鉄鋼市場は急成長をとげていますが、それ以外の地域はどういう状況にあるのでしょうか。これもArcelorMittalの2010年度のアニュアルレポートから抜粋してみます。

　　While Chinese demand in 2010 was 37% above 2007 (i.e. pre-crisis levels), the world ex-China was still 10% below 2007 and the developed world where ArcelorMittal has a substantial part of its operations is still approximately 24% below pre-crisis levels. We still do not expect demand in the developed world to reach pre-crisis levels before 2015.

　　中国市場は2007年（金融危機以前）比で37%成長しているのに対して、中国を除く地域は10%縮小している。ArcelorMittalの主な市場である先進国では24%の縮小。先進国市場が2007年以前の水準に回復するのは、2015年以降と予測している。

この1文を読むだけでも、2010年末現在、中国以外の市場、とりわけ先進国市場がきびしい環境に置かれていることがわかります。

STEP 2
会計指標を分析する
Analyze the Financial Ratios of the Company

ここまでの話からグローバル鉄鋼業界の環境を1枚の図で表すと、図表2-2のような感じで描けます。

- 業界内の企業はとても多く、競争が激しい
- 川上の資源会社は集約されていて、価格交渉力が強い
- 川下の主要顧客も集約されていて、不景気もあり値下げ要求がきびしい
- 成長市場の中国は自国企業だけでも玉石混交の状態で、進出拡大は容易ではない

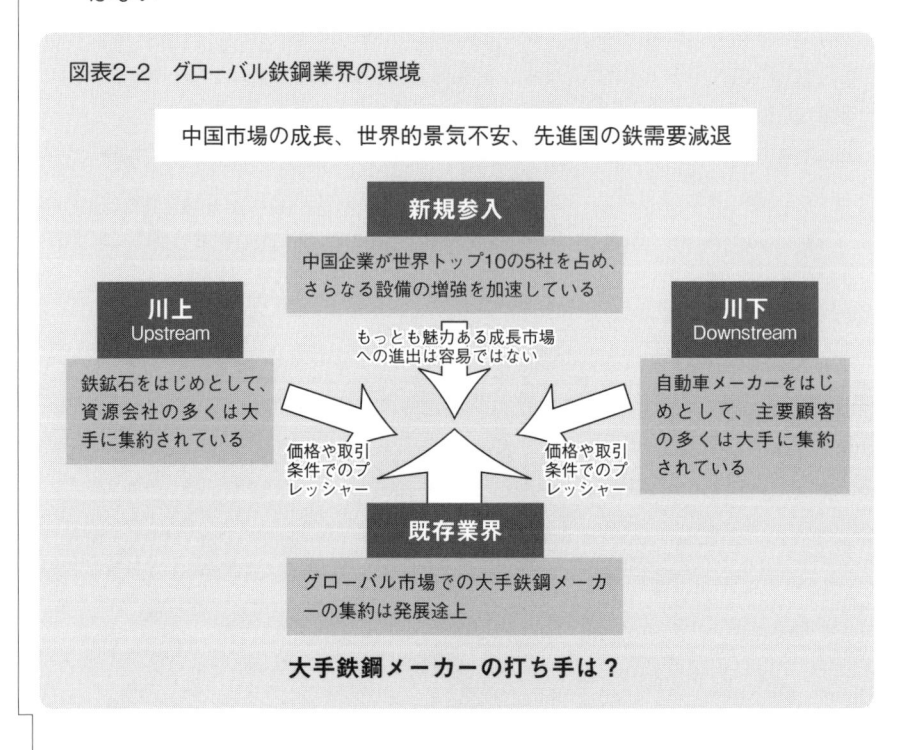

図表2-2　グローバル鉄鋼業界の環境

中国市場の成長、世界的景気不安、先進国の鉄需要減退

新規参入
中国企業が世界トップ10の5社を占め、さらなる設備の増強を加速している

もっとも魅力ある成長市場への進出は容易ではない

川上 Upstream
鉄鉱石をはじめとして、資源会社の多くは大手に集約されている

価格や取引条件でのプレッシャー

川下 Downstream
自動車メーカーをはじめとして、主要顧客の多くは大手に集約されている

価格や取引条件でのプレッシャー

既存業界
グローバル市場での大手鉄鋼メーカーの集約は発展途上

大手鉄鋼メーカーの打ち手は？

こうしたことから、鉄鋼業界は、原材料コストの上昇を鋼材の販売価格に十分転嫁できていない可能性が想定されます。結果として、利益率や利益額は芳しくないかもしれません。また、原材料が高騰すれば、それだけBSの左側で在庫が膨らむことになります。それでも、巨額の設備投資を定期的に行わなくてはならないのが鉄鋼業界です。BSの左側ではそうした勘定科目が大きく膨らむことになります。すると、そのための有利子負債の調達が、BSの右側で膨らんでいくことも思い浮かびます。

会計指標分析とは何か

　さて、実際にはここから、鉄ビジネス、そしてそこでの世界トップシェアを誇るArcelorMittalを想像しながら、さらなる仮説を立て、決算書を想像していくことになります。
　上記の設備や在庫以外にも、たとえば、借金の負担がPLを傷めているだろうとか、売掛金は巨大企業として早期に回収できているだろうとか、過去に蓄積した潤沢な利益が内部留保されているだろうとか……（これらはもちろん仮説なので、誤りがあるかもしれません）。
　ただ、こうした仮説の構築・検証プロセスは、第1章のH&Mで詳しく説明したので、この章では異なるアプローチを踏むことにしましょう。
　それは、**会計指標分析（Financial Ratio Analysis）**です。たとえ会計のプロでも、いきなり決算書をドサッと渡されて「さあ、分析してください！」と言われると、一瞬ためらってしまうものです。いったいどこから手を着けようかと。しかも海外企業の分析となれば、すべての資料は英語です。あまり馴染みのない外国通貨だと、金額をそのつど円に換算しないと規模感をつかむのもままならないものです。
　そんなときこそ、会計指標の重要性が発揮されます。**すべての数値が絶対額ではなくパーセント（%）、倍率（times）、日数（days）といった平準化され**

た数値で表されるので、一瞬にしてレベル感をつかめます。その横に業界平均値やその企業の過去の数値などが記してあれば、なおさらです。経営環境や企業の経営戦略を加味しながら、1つ1つをチェックして、仮説や結論を導いていくのです。

　それはさながら、**飛行機のコックピットに座った機長のようなもの**です。機長はさまざまな計器から重要な数値を読みとり、頭の中のベンチマークと比べながら、安全飛行という目的を遂行しています。同じように私たちも、決算書から計算されるさまざまな会計指標を読みとり、経営分析、ひいては何らかの意思決定という目的を遂行していこうというわけです。

　もちろん、機長にとって、すべての計器が常に必要なわけではないでしょう。**会計指標も同じで、すべての指標が常に必要なわけではありません**。対象となる業界や企業、あるいは経営環境の変化に応じて、その重要度を適宜判断し、調整しながら読み進めることが望まれます。そのためには、ある程度の場数をこなしていく訓練も必要です。ArcelorMittalについては、ここまでの話から3つに焦点を絞って会計指標分析を行いましょう。

仮説1「川上からの値上げ圧力、川下からの値下げ圧力、中国企業の参入による価格競争圧力から、利益率、なかでも総利益率がかなり悪化している」
　　　　→→→Gross margin（売上高総利益率）、Operating margin（売上高営業利益率）は低い値で下落傾向にある？
仮説2「鉄鉱石などの原材料価格が高騰していれば、それが保有在庫の金額を膨らませる。また、鉄鋼は装置産業なので、有形固定資産も相当額に膨らんでいる」
　　　　→→→Inventory turnover period（棚卸資産回転期間）は長期化、Tangible fixed assets turnover rate（有形固定資産回転率）は低迷している？
仮説3「利益の悪化に対して投資資産（在庫、有形固定資産）が重いという

ことは、それだけ有利子負債の調達が必要となり、同社の財務体質を悪化させている」
→→→Debt-to-Equity ratio（DEレシオ）、Interest coverage ratio（インタレスト・カバレッジ・レシオ）は悪化している？

　86〜87ページの図表2-3には、ArcelorMittalの主な会計指標を収益性（Profitability）、資産効率性（Asset Efficiency）、財務健全性（Financial Soundness）、成長性（Growth）のグループごとに記します。新日鉄と国内鉄鋼業界平均値も併せて見ることで、それらとの共通性と異質性も探ってみます。

IFRSの決算書はここが違う！

　ArcelorMittalの2011年の決算書を、88〜91ページに掲載します。同社はIFRS（国際会計基準）を採用しているため、決算書の呼び方も従来のPL、BSとは異なります。
　これまでの**連結損益計算書に該当する決算書は、Consolidated Statements of Operations（連結損益計算書）とConsolidated Statements of Comprehensive Income（連結包括利益計算書）の2つで表されます。また、貸借対照表に該当する決算書は、Consolidated Statements of Financial Position（連結財政状態計算書）**（105ページに掲載）と呼ばれています。

①包括利益計算書の違い

　2010年4月以降にスタートした決算年度から、日本でも包括利益（Comprehensive income）の開示が義務づけられました。包括利益とは、PLに表れる企業活動からの利益に加えて、BSで保有する株や在外子会社の為替の動きもリアルタイムに損益として認識し、両者を包括した利益として考えましょうというものです。

図表2-3　ArcelorMittalの主な会計指標

Financial Ratios, Unit (会計指標、単位)	Formula (数式)	Arcelor Mittal Dec-2010	Arcelor Mittal Dec-2011	新日鉄 2011年 3月期	国内鉄鋼 業界平均
Profitability (収益性)					
Gross margin (%) 売上高総利益率	Gross profit ÷ Sales	8.9	9.0	11.8	13.8
SGA ratio (%) 売上高販管費率	SGA ÷ Sales	4.3	3.8	7.8	8.7
Operating margin (%) 売上高営業利益率	Operating Income ÷ Sales	4.6	5.2	4.0	5.1
IBT margin (%) 売上高税引前利益率	IBT ÷ Sales	2.4	2.9	5.5	5.0
Net margin (%) 売上高純利益率	Net income ÷ Sales	3.9	2.4	2.3	2.3
Asset Efficiency (資産効率性)					
Total assets turnover rate (times) 総資産回転率 (回)	Sales ÷ Total assets	0.60	0.74	0.82	0.80
A/R turnover period (days) 売上債権回転期間 (日)	A/R ÷ (Sales/365)	26.8	23.6	40.8	54.2
Inventory turnover period (days) 棚卸資産回転期間 (日)	Inventory ÷ (COGS/365)	93.5	88.1	89.8	90.8
Tangible fixed assets turnover rate (times) 有形固定資産回転率 (回)	Sales ÷ PP&E	1.36	1.73	2.22	2.04
A/P turnover period (days) 仕入債務回転期間 (日)	A/P ÷ (COGS/365)	61.4	55.7	46.6	65.4
Cash liquidity ratio (days) 手元流動性比率 (日)	Cash ÷ (Sales/365)	28.4	19.5	7.7	23.4
Financial Soundness (財務健全性)					
Current ratio (%) 流動比率	Current assets ÷ Current liabilities	138.9	149.5	125.9	126.1
Quick ratio (%) 当座比率	Quick assets ÷ Current liabilities	41.6	43.1	40.0	54.0

Financial Ratios, Unit （会計指標、単位）	Formula （数式）	Arcelor Mittal Dec-2010	Arcelor Mittal Dec-2011	新日鉄 2011年 3月期	国内鉄鋼業界平均
Fixed ratio (%) 固定比率	Fixed assets ÷ Equity	133.5	142.7	138.2	165.6
Fixed assets to fixed liabilities and equity ratio (%) 固定長期適合率	Fixed assets ÷ (Fixed liabilities and equity)	88.1	88.0	90.3	95.5
Interest coverage ratio (times) インタレスト・カバレッジ・レシオ（回）	Operating profit ÷ Interest expenses	2.3	2.5	9.0	7.7
Equity ratio (%) 株主資本比率	Equity ÷ Total assets	50.5	49.6	37.2	36.6
Debt-to-Equity ratio (times) DEレシオ（回）	Debt ÷ Equity	0.39	0.44	0.56	0.88
Growth（成長性）					
Sales growth (%) 売上成長率	Yearly growth rate	27.9	20.4	17.8	17.1
Operating income growth (%) 営業利益成長率	Yearly growth rate	n/a	35.9	414.7	n/a
Net income growth (%) 純利益成長率	Yearly growth rate	2,536.0	-24.8	n/a	0.0
Asset growth (%) 資産成長率	Yearly growth rate	2.5	-6.9	-0.03	n/a
Inventory growth (%) 棚卸資産成長率	Yearly growth rate	16.3	10.8	8.7	n/a
PP&E growth (%) 有形固定資産成長率	Yearly growth rate	-10.0	-0.2	-3.2	n/a
Debt growth (%) 有利子負債成長率	Yearly growth rate	4.8	1.6	-3.3	n/a
Equity growth (%) 株主資本成長率	Yearly growth rate	1.0	-8.5	1.9	0.7

注：新日鉄と国内鉄鋼業界平均の売上高税引前利益率は、経常利益を用いて計算。Quick ratio（当座比率）は、Assets / Liabilities held for sale and distribution（非継続事業の資産／負債）を除いて計算。国内鉄鋼業界平均は、10/4～11/3に終了した決算期。Asset Efficiency（資産効率性）の計算では、BS勘定科目は2年度の平均値を用いている。n/a = not available
出所：ArcelorMittal 20-F、新日鉄有価証券報告書、日経財務情報をもとに著者作成

図表2-4 ArcelorMittalの連結損益計算書

Consolidated Statements of Operations
(in millions of US $)

	Year Ended December 31,		
	2009	2010	2011
Sales	61,021	78,025	93,973
Cost of sales	58,815	71,084	85,519
Gross margin	2,206	6,941	8,454
Selling, general and administrative expenses	3,676	3,336	3,556
Operating income (loss)	(1,470)	3,605	4,898
Income from investments in associates and joint ventures	56	451	620
Financing costs - net	(2,847)	(2,200)	(2,838)
Income (loss) before taxes	(4,261)	1,856	2,680
Income tax expense (benefit)	(4,432)	(1,479)	882
Net income from continuing operations (including non-controlling interests)	171	3,335	1,798
Discontinued operations, net of tax	(57)	(330)	461
Net income (including non-controlling interests)	**114**	**3,005**	**2,259**
Net income attributable to equity holders of the parent:			
Net income from continuing operations	214	3,246	1,802
Net income from discontinued operations	(57)	(330)	461
Net income attributable to equity holders of the parent	157	2,916	2,263
Net income from continuing operations attributable to non-controlling interests	(43)	89	(4)
Net income (including non-controlling interests)	**114**	**3,005**	**2,259**

連結損益計算書
(百万ドル)

	12月31日終了の事業年度		
	2009	2010	2011
売上高	61,021	78,025	93,973
売上原価	58,815	71,084	85,519
売上総利益	2,206	6,941	8,454
販売費及び一般管理費	3,676	3,336	3,556
営業利益(損失)	(1,470)	3,605	4,898
関連会社及び合弁出資金からの持分利益	56	451	620
金融費用(純額)	(2,847)	(2,200)	(2,838)
税引前利益(損失)	(4,261)	1,856	2,680
支払法人税(控除)	(4,432)	(1,479)	882
継続事業からの純利益(非支配株主持分を含む)	171	3,335	1,798
非継続事業からの純利益(税引後)	(57)	(330)	461
純利益(非支配株主持分を含む)	**114**	**3,005**	**2,259**
親会社株主に帰属する純利益:			
継続事業からの純利益	214	3,246	1,802
非継続事業からの純利益	(57)	(330)	461
親会社株主に帰属する純利益	157	2,916	2,263
非支配株主持分に帰属する純利益	(43)	89	(4)
純利益(非支配株主持分を含む)	**114**	**3,005**	**2,259**

出所:ArcelorMittal 20-F

図表2-5 ArcelorMittalの連結包括利益計算書

Consolidated Statements of Comprehensive Income
(in millions of US $)

	Year Ended December 31,		
	2009	2010	2011
Net income (including non-controlling interests)	114	3,005	2,259
Available-for-sale investments:			
Gain (loss) arising during the period	22	102	(39)
Reclassification adjustments for (gain) loss included in the consolidated statements of operations	(8)	(120)	65
	14	(18)	26
Derivative financial instruments:			
Gain (loss) arising during the period	59	(277)	82
Reclassification adjustments for gain included in the consolidated statements of operations	(590)	(551)	(249)
	(531)	(828)	(167)
Exchange differences arising on translation of foreign operations:			
Gain (loss) arising during the period	3,100	(1,733)	(2,149)
Reclassification adjustments for gain included in the consolidated statements of operations	–	–	(475)
	3,100	(1,733)	(2,624)
Share of other comprehensive income (loss) related to associates and joint ventures	473	201	(598)
Income tax (expense) benefit related to components of other comprehensive income	(181)	144	68
Total other comprehensive income (loss)	3,056	(2,234)	(3,295)
Total other comprehensive income (loss) attributable to:			
Equity holders of the parent	2,628	(2,310)	(2,943)
Non-controlling interests	428	76	(352)
	3,056	(2,234)	(3,295)
Total comprehensive income (loss)	3,170	771	(1,036)
Total comprehensive income (loss) attributable to:			
Equity holders of the parent	2,785	606	(680)
Non-controlling interests	385	165	(356)
Total comprehensive income (loss)	3,170	771	(1,036)

連結包括利益計算書
(百万ドル)

	12月31日終了の事業年度		
	2009	2010	2011
純利益（非支配株主持分を含む）	114	3,005	2,259
売却可能金融資産：			
当該年度に生じた損益	22	102	(39)
連結損益計算書に含められた損益の再分類調整項目	(8)	(120)	65
	14	(18)	26
デリバティブ金融商品：			
当該年度に生じた損益	59	(277)	82
連結損益計算書に含められた損益の再分類調整項目	(590)	(551)	(249)
	(531)	(828)	(167)
在外営業活動体の為替換算調整勘定：			
当該年度に生じた損益	3,100	(1,733)	(2,149)
連結損益計算書に含められた損益の再分類調整項目	–	–	(475)
	3,100	(1,733)	(2,624)
関連会社及び合弁出資金に係る持分相当額	473	201	(598)
その他包括利益の構成要素に係る税額（費用）控除	(181)	144	68
その他包括利益（損失）合計	3,056	(2,234)	(3,295)
その他包括利益（損失）合計額の帰属：			
親会社株主持分	2,628	(2,310)	(2,943)
非支配株主持分	428	76	(352)
	3,056	(2,234)	(3,295)
包括利益（損失）合計	3,170	771	(1,036)
包括利益（損失）合計額の帰属：			
親会社株主持分	2,785	606	(680)
非支配株主持分	385	165	(356)
包括利益（損失）合計	3,170	771	(1,036)

出所：ArcelorMittal 20-F

包括利益という言葉を初めて耳にした読者も多いと思いますが、日本では開示は始まったものの、あまり関心を持たれていないのが現状です。実現までの道のりは長いですが、IFRSが目指す理想形は、包括利益のみで業績を開示することとも言われています。
　では、この包括利益のなかにはどんな項目を含めるのでしょうか。日本会計基準とIFRSではその中身が異なりますので、主な項目を記しておきます。

- 日本会計基準で包括利益に含める項目
　その他有価証券評価差額金、繰延ヘッジ損益、在外子会社の退職給付に係る調整額、為替換算調整勘定、持分法適用会社に対する持分相当額。
- IFRSで包括利益に含める項目
　自己使用固定資産の再評価益、確定給付退職給付制度における数理計算上の差異の即時認識額、在外営業活動体の財務諸表の累積換算差額、売却可能金融資産の未実現損益、キャッシュフローヘッジにおけるヘッジ手段から生じた損益の繰延額。

②**非支配持分に帰属する損益の違い**
　非支配持分（Non-controlling interests）というのは、子会社であっても100％の株式を親会社が所有していない場合の、親会社の非持分です。
　日本会計基準では、こうした非支配持分に帰属する利益を「少数株主利益」として、当期純利益を算出する直前で控除します。また、包括利益の計算では、末尾で「親会社株主に係る包括利益」と「少数株主に係る包括利益」とに配分表示します。つまり、あくまで親会社を主体として決算書を示そうとする姿勢が強いのです。
　これに対してIFRSでは、当期純利益の計算では非支配持分に帰属する利益を含めたままとし、末尾で親会社株主帰属損益と非支配持分帰属損益への配分を示します。ArcelorMittalの2011年度では、Net income (including non-

controlling interests）2,259百万ドルには非支配持分帰属損益は含まれています。その末尾に、親会社帰属（2,263百万ドル）と非支配持分（－4百万ドル）に区分表示されています。これにより、ArcelorMittalが100％の株式を保有していない子会社の合計利益は赤字であることがわかります。

　日本でもIFRSでも、Comprehensive incomeは損益計算書と合算する1計算書方式と、損益計算書と別建てとする2計算書方式が認められています。ArcelorMittalは、2計算書方式で決算開示しています。

ArcelorMittalの収益性を読む

　2008年9月の世界金融危機によって、ArcelorMittalは2009年度に14億ドル超の営業赤字（Operating loss）に陥りました。2010年度には黒字に戻したものの回復途上です。これを裏づけるように、2010年度の同社のアニュアルレポートのタイトルは「Recovery Underway」、つまり「回復進行中」となっています。

　そうした大局観（Big Picture）を持った上で、ここからは収益性（Profitability）、資産効率性（Asset Efficiency）、財務健全性（Financial Soundness）のそれぞれについて、同社の会計指標分析を進めていきましょう。

　まず、収益性については、次のような仮説を導きました。
「Gross margin（売上高総利益率）、Operating margin（売上高営業利益率）は低い値で下落傾向にある？」
　Operating margin（売上高総利益率）は、新日鉄4.0％、国内業界平均5.1％に対して、ArcelorMittalは5.2％と、その差は1％程度でおおむね似通っています。

　しかし、その営業利益までの構造を分解すると、Gross marginは新日鉄の11.8％がArcelorMittalの9.0％より優れている一方、SGA ratio（売上高販管費

図表2-6　ArcelorMittalの売上高総利益率と売上高営業利益率の推移

年	Gross margin (売上高総利益率)	Operating margin (売上高営業利益率)
2007	19.3	14.1
2008	15.1	9.8
2009	3.6	-2.4
2010	8.9	4.6
2011	9.0	5.2

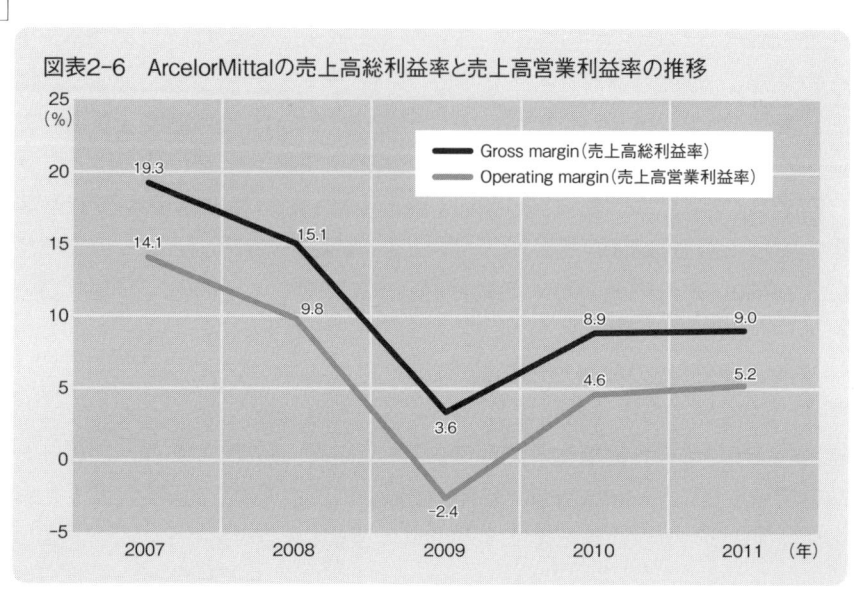

出所：ArcelorMittal 20-Fをもとに著者作成

率）は新日鉄7.8％に対してArcelorMittalはわずか3.8％に抑えています。

　ビジネスをグローバルに展開するArcelorMittalは、金融危機以降の市場停滞に直面して、とくに製造コスト高の構造にあることをGross marginの低さが語っています。もともとM&Aによって拡大してきた企業なので、余剰だったり非効率だったりする工場や事業も多いのでしょう。後にBSで見る有形固定資産の負担が新日鉄に比べてかなり重いことからも、それを裏づけることができます。

　ただ、ArcelorMittalも新日鉄も、このGross marginには決して満足していないでしょう。ArcelorMittalが誕生した翌2007年度から5年間のGross marginとOperating marginの推移をグラフにすると、回復傾向と言ってもまだまだ金融危機前の半分以下です（図表2-6）。

　Gross marginがわずか10％以下では、販管費を考えれば、少々の売上減少

でもすぐに営業赤字（Operating loss）に陥ってしまうようなレベルです。2007年12月期のAlcelorMittalのGross marginは19.3％、2006年3月期の新日鉄は21.6％でした。このため、ArcelorMittalは、金融危機以降、工場や製品そのものの再編・閉鎖を急速に進めています。

　こうしたグラフを描く際に気をつけたいことは、IFRS、米国会計基準ともに、会計方針や決算書の表示方法を変更した場合、過去の財務諸表を新たに採用した方法で遡及修正（Retrospective restatement）することです。日本でもIFRSの導入に向けて、2011年4月から始まる決算期より、遡及処理をすることが義務づけられました。

　遡及処理のメリットは、一貫したルールで数値を遡って見ることができるという点です。デメリットとしては、その時点で発表した決算数値と異なるので、経営者がそのときに実際に凝視していた決算書、ひいては経営者のそのときの思いとは乖離してしまうことです。図表2-6は、その時点で発表した値ではなく、遡及修正した決算数値を使っています。

　一方、売上高は新日鉄の4兆1,000億円（2011年3月期）に対してArcelor-Mittalは939億ドル（約7兆5,000億円）と、1.8倍を超える差があるため、SGA ratio（売上高販管費率）は新日鉄が割高に映ります。鉄鋼業はB2Bのビジネスなので、そもそも販管費に多くのお金を使う事業ではありません。本社や営業の人件費、研究開発費、その他経費など、固定費的な費用が主なものなので、売上規模の違いが指標水準の違いに表れやすいのです。

　新日鉄がArcelorMittalに比べて事業の多角化（化学、システムソリューションなど）を進めていることも、販管費の増長につながっていると考えられます。もっとも、国内中心で効率化しやすい新日鉄に比べて、M&Aで出来上がった世界中に分散するArcelorMittalのほうがSGA ratioが著しく低いという事実は、同社のコスト管理がしっかりできていると前向きに評価することもできるでしょう。

　両社ともに、売上に対して4〜5％台のOperating income（営業利益）を生

み出したという点では同じですが、トップラインが1.8倍異なることから、稼ぎ出したOperating incomeは、新日鉄の1,600億円に対してArcelorMittalは48億ドルと、2倍を超える差となって現れています。

　こうした稼ぎ力の差は、将来の研究開発や設備投資の原資の差となって、ジリジリと効いていくものです。そうであるなら、その原資を獲得するための規模の追求は、鉄鋼業界にとって有力な手段であることが納得できます。

ArcelorMittalの資産効率性を読む

「Inventory turnover period（棚卸資産回転期間）は長期化、Tangible fixed assets turnover rate（有形固定資産回転率）は低迷している？」

　Total assets turnover rate（総資産回転率）は、ArcelorMittalが0.74倍、新日鉄が0.82倍です。このことから、ArcelorMittalのほうが対売上比で総資産は重いことがわかります。

　鉄鋼業界としてとくに気になる2大Assets（資産）では、Inventory turnover period（棚卸資産回転期間）は90日前後で両社はほぼ互角ですが、Tangible fixed assets turnover rate（有形固定資産回転率）は、明らかにArcelorMittalが低い、つまり現在の売上に対して設備大となっています。

　図表2-7は、売上高、棚卸資産、有形固定資産の金額を時系列で描いたものです。

　世界金融危機を受けて2008年に膨らんだ棚卸資産が、2009年には一気に80億ドル減少しています。棚卸資産については、売上の大きな変動に左右されつつも、減産と増産によって、十分対応できているように見受けられます。

　一方、売上が急減しても、これからも事業活動が継続する以上、有形固定資産は急に減るものではありません。

　2010年度の有形固定資産のみ、減少幅が60億ドルほどと大きいのは、一部が売却目的資産（Assets held for sale and distribution）に分類されたためです。

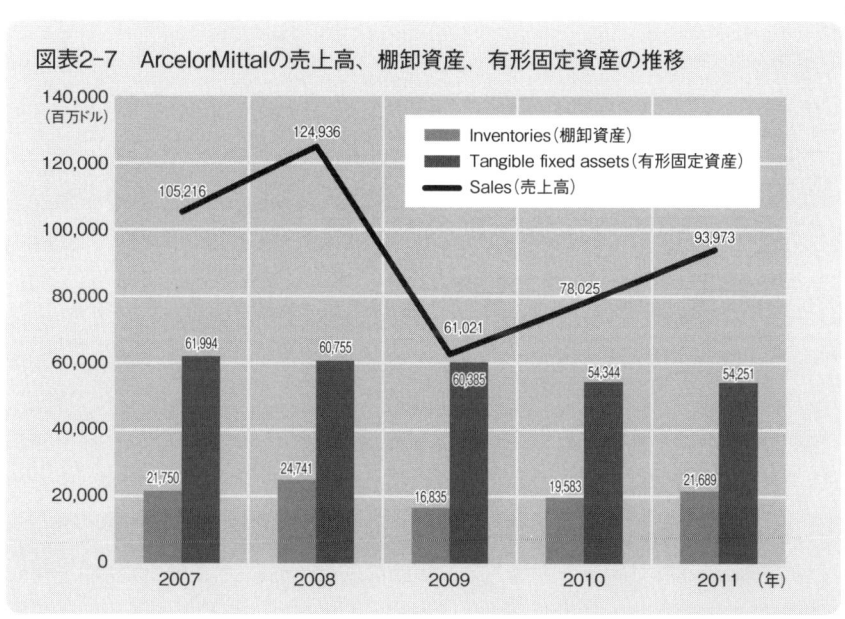

図表2-7 ArcelorMittalの売上高、棚卸資産、有形固定資産の推移

年	Inventories(棚卸資産)	Tangible fixed assets(有形固定資産)	Sales(売上高)
2007	21,750	61,994	105,216
2008	24,741	60,755	124,936
2009	16,835	60,385	61,021
2010	19,583	54,344	78,025
2011	21,689	54,251	93,973

(単位:百万ドル)

出所:ArcelorMittal 20-Fをもとに著者作成

　これは、ステンレス事業を廃止事業(Discontinued operations)とすることに役員決議されたことを受けての会計処理です。

　日本の会計基準には、そもそもDiscontinued operationsとして区分表記する処理がありません。もしArcelorMittalが日本の会計基準を採用していれば、実際にステンレス事業を売却するギリギリまで、有形固定資産として計上されることになります。

　棚卸資産については両社ほぼ同じ90日前後なので、鉄鋼業界の一般的な数値として受け取ることができます。もっとも、生産が国内に集中している新日鉄と同じ水準の棚卸資産規模に抑えているArcelorMittalは、在庫の効率的保有もしっかりできていると前向きに評価することもできるでしょう。

　ArcelorMittalの棚卸資産の明細は、20-F(外国企業の年次報告書。150ペー

図表2-8　ArcelorMittalの棚卸資産の明細

	(December 31,2011)
Finished products 製品	7,356
Production in process 仕掛品	4,531
Raw materials 原材料	7,933
Manufacturing supplies, spare parts and other 製造消耗品・部品・その他	1,869
Total 合計	US$ 21,689 million

出所：ArcelorMittal 20-F

ジ参照）で図表2-8のように分類されています。3つの主な在庫（製品、仕掛品、原材料）が、金額的にはおおむねバランスの良い印象です。

　ちなみに日本の鉄鋼業界の場合は、高価な鉄鉱石や石炭による原材料在庫や、製鉄所間輸送も生じる仕掛品（または半製品）在庫は膨らむ一方、販売は商社に委託するので、製品在庫は比較的少なめという傾向があります。同じ90日前後のInventory turnover period（棚卸資産回転期間）でも、こうした中身を見ることでわかる各社の特徴や課題の抽出は、とても大切な分析の切り口です。

　ArcelorMittalの有形固定資産の大きさは、先に触れたように、同社がM&Aをくり返して巨大化してきた経緯と合致します。国内中心の製造体制を持った新日鉄のほうが、世界中の企業が合併して出来上がったArcelorMittalに比べれば、やはり設備効率は良いはずです。

　また、現在ArcelorMittalが資源鉱山への投資を拡大していることも、有形固定資産が膨らむ理由として挙げられます。川上の資源会社が寡占化して価格交渉力を強めていますから、それを回避するために、自らが資源鉱山を保有するということです。自社グループで保有すれば有形固定資産、一部出資のかたち

を取れば投資額（後に見る、Investments in associates and joint ventures）です。当然、新日鉄をはじめとする国内企業もそうした投資は進めていますが、投資余力からしてもArcelorMittalが大きく先行しています。企業規模の違いによる稼ぐ利益額の違いは、こうしたところにも影響を与えます。

　同社の2010年のアニュアルレポートのなかにも、「グループ需要量の56%を満たす6,860万トンの鉄鉱石と、グループ消費量の15%に相当する740万トンの石炭を生産した」との記述があります（ArcelorMittal produced 68.6 million tonnes of iron ore, equivalent to 56% of the Group's requirements. Production of coking and thermal coal hit 7.4 million tonnes, equivalent to 15% of the overall Group consumption.）。自社が採掘する鉄鉱石と石炭の約10%は、第3者への販売も行っているようです（We sell around 10% of our production to third parties）。

　もちろん、こうした資源の内製化は、原価の安定と低減のために行っているのだから、ArcelorMittalのGross margin（売上高総利益率）はもう少し高くてもよいものです。自分で採るか、外から買ってくるかは、最終的にはどちらのコスト効率が良いのかということ。ArcelorMittalによる川上拡大の効果を決算上の数値で示すのは、まだこれからと言えるのでしょう。

　いずれにしても、**棚卸資産や有形固定資産、そして資源権益への投資原資を獲得するための規模の追求は、鉄鋼業界にとって有力な手段であることの納得性が高まります。**

ArcelorMittalの財務健全性を読む

「Debt-to-Equity ratio（DEレシオ）、Interest coverage ratio（インタレスト・カバレッジ・レシオ）は悪化している？」

　鉄鋼業界は在庫や設備への投資が巨大となるので、多額のDebt（有利子負債）を抱えているのが一般的です。「わが社の借金の水準は大丈夫か？」を評価す

図表2-9　ArcelorMittalのDEレシオとインタレスト・カバレッジ・レシオの推移

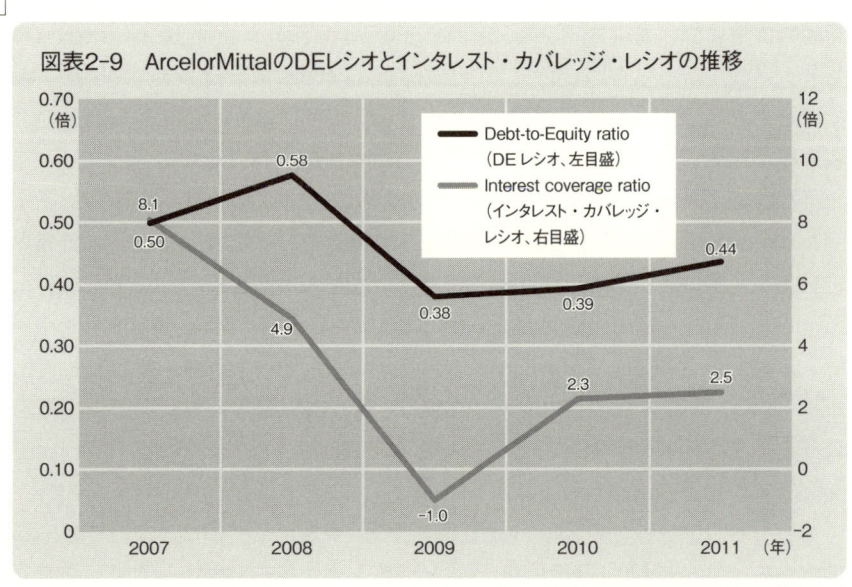

年	2007	2008	2009	2010	2011
DEレシオ（倍）	0.50	0.58	0.38	0.39	0.44
インタレスト・カバレッジ・レシオ（倍）	8.1	4.9	-1.0	2.3	2.5

出所：ArcelorMittal 20-Fをもとに著者作成

るための代表的な指標として、Debt-to-Equity ratio（DEレシオ）とInterest coverage ratio（インタレスト・カバレッジ・レシオ）があります。ここではこの2つを使って、ArcelorMittalの財務体質を評価してみましょう。

86〜87ページの図表2-3からわかるように、Debt-to-Equity ratioは、両社ともに日本の鉄鋼業界の平均値0.88をかなり下回っていて、十分健全です。それでも、新日鉄の0.56倍に対して、ArcelorMittalは0.44倍と、ArcelorMittalのほうが低いのは意外でもあります。

なぜなら、先ほどの資産効率性の説明で、Total assets turnover rate（総資産回転率）が低い、つまり、各社の現在の売上高に対して、よりたくさんの資産を抱えているのはArcelorMittalでした。とくに資源鉱山も含めて、巨額の有形固定資産を保有しています。BSの左側でたくさんの資産を抱えているのに、右側の借入れが少ないということは、借入れ以外の方法で資金をうまく調達で

きていることを意味します。

　このことは、指標一覧を眺めているだけでも、いくつか指摘することができます。Asset Efficiency（資産効率性）にあるA/P turnover period（仕入債務回転期間）が長いことから、サプライヤーへの支払いが遅いこと、Financial Soundness（財務健全性）のEquity ratio（株主資本比率）が高いことから、潤沢な株主資本を保有していることなどです。

　一方で、両社の営業利益率はそれほど変わらず、かつArcelorMittalのDEレシオは新日鉄より低いのに、Interest coverage ratioは大きく見劣りしています（ArcelorMittal：2.5倍、新日鉄：9.0倍）。ArcelorMittalのほうが営業利益率が良く、しかも借金額は相対的に少ないのに、PL上ではArcelorMittalのほうが借金の負担度合いが重いというのです。

　種明かしは簡単で、要は海外の金利が高いということです。同じ1兆円を借りても、金利が2%なら支払利息は200億円ですが、6%なら600億円です。新日鉄に比べてArcelorMittalは金利が高い国で事業を展開していることになります。見方を変えれば、ArcelorMittalの金利が高い分だけ、事業成長も高く期待できる市場で活動していることを意味します。そうであるなら、ArcelorMittalは新日鉄と同じ水準の売上高営業利益率で満足してはいけないということも言えるでしょう。

　Interest coverage ratioを新日鉄並みの水準にするには、支払利息額が仮に今後も横ばいとすると、利益をざっと現在の3.6倍（9.0÷2.5。Interest coverage ratio同士の割り算）の規模にすることが求められます。営業利益率に換算すれば、18.7%（5.2%×3.6倍）まで上昇させることです。

　欧米の優良企業のなかには、営業利益率で20%を上回るような企業も数多く存在します。ArcelorMittalも合併直後の2007年度は、14%を保持していました。今後、同社が鉄鋼世界最大手として真の優位性が発揮できた際には、そうした数値の実現が望まれていくのでしょう。

　鉄鋼業界は、BSの左側に棚卸資産や有形固定資産、資源権益への投資が巨

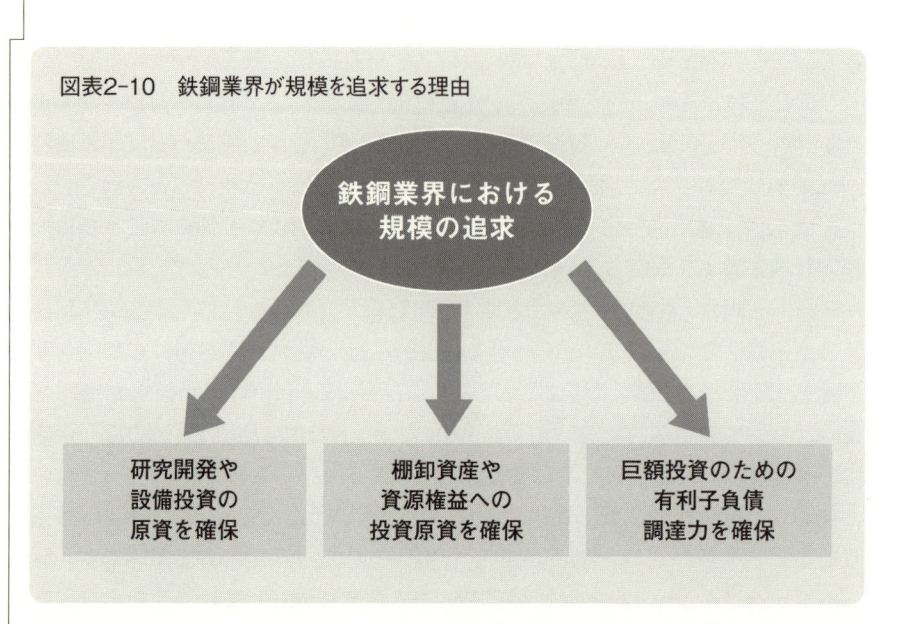

図表2-10　鉄鋼業界が規模を追求する理由

```
              鉄鋼業界における
                規模の追求
        ↙          ↓           ↘
  研究開発や      棚卸資産や      巨額投資のための
  設備投資の      資源権益への    有利子負債
  原資を確保      投資原資を確保  調達力を確保
```

額に膨らむ業界です。それらすべてを内部留保などの株主資本でまかなうことは到底できませんから、有利子負債への依存度が高まりやすい業界でもあります。したがって、**健全性を保ちながら有利子負債を拡張していくために、「規模の追求」は有力な手段**となるわけです。

STEP 3
「百分率財務諸表」をチェックする
Check Common-Size Financial Statements

▷▷▶

　ここで、会計指標分析を行う際に気をつけたいこと、そしてその対処策となるツールを1つ紹介します。
　先ほどの図表2-3で示したような代表的な会計指標だけを計算して企業分析をすると、指標に表れない重要な資産や負債を見落としてしまう可能性があります。たとえば、指標だけを見ていると、ArcelorMittalの資産が新日鉄に比べて重いのは、有形固定資産とキャッシュが原因としかわかりません。そこで、重要な資産勘定を見落とさないようにするための有益なツールが**Common-Size Financial Statements（百分率財務諸表）**です。
　日本語でも英語でも、何だかいかつい呼び名だと感じられたでしょうか。でも、内容はそれほど難しくありません。**PLだったら売上高を、BSだったら資産合計をそれぞれ100として、他の数値を表してみましょう**ということです。全体の合計を100に平準化（Common-size）することで、直感的に数値の大小をつかめるようになります。
　PLについてはGross margin（売上高総利益率）、Operating margin（売上高営業利益率）などの各利益率がそれに相当するので、じつはすでに実行済みです。ここでは、ArcelorMittalの財政状態計算書について、Common-Size Financial Position（百分率財政状態計算書）を表してみましょう。

「百分率FP」で総資産を読む

　105ページの図表2-11からわかるように、資産合計を100とした場合、左側でもっとも大きな値はProperty, plant and equipment（PP&E＝有形固定資産）の45です。保有資産の4割超は有形固定資産であることは、改めて同社の主な投資が設備そのものにあると実感させます。有形固定資産以外に2ケタに乗っている数値は、Inventories（棚卸資産）とGoodwill and intangible assets（の

れん及び無形固定資産）です。Cash and cash equivalents（現金及び現金同等物）は新日鉄比では多く感じられましたが、保有資産に占める割合は3％に留まっています。

　Common-Size Balance Sheetを描くことで、PP&E、Inventoriesに次ぐ大きな資産が、Goodwill and intangible assetsであることがわかりました。20-FのNotes（脚注）を見ると、140億ドルの大部分に当たる124億ドルがGoodwill（のれん）となっています。日本円にして約1兆円のとても大きな金額です。

　Goodwillは、M&Aのときに被買収企業の純資産額に対して支払ったプレミアム（超過分）の金額に相当します。MittalがArcelorを多額のプレミアムを支払って半ば力ずくで買収した経緯を考えれば、納得のいく姿です。そこに至るまでにも、両社ともM&Aが活発な企業だったので、Goodwillを従来から多く抱えていました。

　また、**IFRSでは、日本会計基準のようにGoodwillの定期償却（Amortization、販管費に計上）は行わないため、Goodwillが滞留しやすいという背景もあります**。日本会計基準ではPLが重視される傾向にあるのに対して、**IFRSや米国会計基準では、BSをより重視します**。そのため、1度超過収益力として認識したGoodwillを、根拠の弱い耐用年数を設定してこれを毎年償却するという考え方を海外では許容しないのです。その分、のれん額が将来の収益力と見合っていないと判断された場合に、きびしい減損（Impairment）に海外では直面しやすいことになります。

　次に、Goodwillほど目立ちませんが、Investments in associates and joint ventures（関連会社及び合弁出資金）も、総資産の7％を占めていることがわかります。Associates（関連会社）やJoint ventures（合弁企業）への投資金額で、市場拡大や垂直統合のための出資の多くがここに含まれているのでしょう。

　また、これらの投資からもたらされる利益は、PL上でIncome from invest-

図表2-11　ArcelorMittalの百分率財政状態計算書 (31-Dec-2011)

Assets 総資産の部	百万ドル	%	Liabilities and equity 負債及び株主資本の部	百万ドル	%
Current assets: 流動資産			**Current liabilities:** 流動負債		
Cash and cash equivalents 現金及び現金同等物	3,821	3	Short-term debt and current portion of long-term debt 短期借入金及び1年内返済予定の長期借入金	2,784	2
Restricted cash 拘束預金	84	0	Trade accounts payable and other 買掛金ほか	12,836	11
Trade accounts receivable and other 売掛金ほか	6,452	5	Short-term provisions 短期引当金	1,213	1
Inventories 棚卸資産	21,689	18	Accrued expenses and other liabilities 未払費用及びその他負債	6,624	5
Prepaid expenses and other current assets 前払費用及びその他流動資産	3,559	3	Income tax liabilities 未払税金	367	0
Total current assets 流動資産合計	35,605	29	Total current liabilities 流動負債合計	23,824	20
Non-current assets: 固定資産			**Non-current liabilities:** 固定負債		
Goodwill and intangible assets のれん及び無形固定資産	14,053	12	Long-term debt, net of current portion 長期借入金	23,634	19
Property, plant and equipment 有形固定資産	54,251	45	Deferred tax liabilities 繰延税金負債	3,680	3
Investments in associates and joint ventures 関連会社及び合弁出資金	9,041	7	Deferred employee benefits 従業員給付制度	7,160	6
Other investments その他投資	226	0	Long-term provisions 長期引当金	1,601	1
Deferred tax assets 繰延税金資産	6,081	5	Other long-term obligations その他長期負債	1,504	1
Other assets その他資産	2,623	2	Total non-current liabilities 固定負債合計	37,579	31
Total non-current assets 固定資産合計	86,275	71	Total liabilities 負債合計	61,403	50
Total assets 総資産の部合計	121,880	100	Commitments and contingencies 契約と偶発事象		
			Equity 株主資本		
			Common shares 資本金	9,403	8
			Treasury shares 自己株式	(419)	0
			Additional paid-in capital 資本剰余金	19,056	16
			Retained earnings 利益剰余金	30,531	25
			Reserves 積立金	(1,881)	-2
			Equity attributable to the equity holders of the parent 親会社株主持分	56,690	47
			Non-controlling interests 非支配株主持分	3,787	3
			Total equity 株主資本合計	60,477	50
			Total liabilities and equity 負債及び株主資本の部合計	121,880	100

出所：ArcelorMittal 20-Fをもとに著者作成

ments in associates and joint venturesとして、6.2億ドル計上されています。Common-Size Financial Position（またはBalance Sheet）は複数年の時系列で描くことで、企業の資産保有の推移が見てとれるため、これもお勧めです。

「百分率FP」で負債と株主資本を読む

右側に目を転じると、Liabilities（負債）とEquity（株主資本）がちょうど50で分かれています。Equityの50は、Retained earnings（利益剰余金）25と内部留保がしっかり蓄積されていること、Common shares（資本金）8やAdditional paid-in capital（資本剰余金）16と株主からの過去の払込みも大きいことがわかります。

Liabilitiesで大きいのは、Non-current liabilities（固定負債）ではLong-term debt（長期借入金）の19、Current liabilities（流動負債）ではTrade accounts payable（買掛金）の11です。右側については、先の会計指標一覧でも十分読みとることのできる事実の確認でした。

Common-Size Financial Positionは合計100に対して左右が平準化されているので、左右のバランス度合いをあれこれチェックするのも面白い切り口です。たとえば、「PP&E（45）とGoodwill and intangible assets（12）の合計57は、Equity（50）でほぼまかなえてるんだなぁ」とか、「Inventories（18）は、A/P（11）、Accrued expenses and other liabilities（5）、Short-term debt（2）の合計18でちょうど相殺できてるなぁ」とか。

BS（IFRSではFP）は必ず左右がバランスしているのです。さまざまな会社が左右をどうバランスさせているかを数多く知ることは、自社の今後の投資計画や資金調達計画において、必ずや有益な情報となるはずです。

さて、いまだきびしい経営環境にあるArcelorMittalですが、現在はどのような経営方針を謳っているのでしょうか。

同社の2010年のアニュアルレポートでは、「Product diversity」(製品の多様化)、「Geographic reach」(地域拡大)、「Vertical integration」(垂直統合)の3つを、長年にわたる一貫した3次元事業戦略(a consistent, three-dimensional business strategy over a number of years)として謳っています。
　製品の多様化については、価格競争が激化するなかで、製品面での差別化を目指す意思表示でしょう。地域拡大については、中国に加えて、とくにインドとブラジルへの関心の強さが語られています。垂直統合については、川上の資源鉱山への投資はこれまで触れたとおりですが、川下の販売についても各地域のサービスセンターから、より直接的に顧客に付加価値の高いサービスを提供すると結んでいます。

ケース・クロージング

Case Closing

　国内大手の間では、他業界に比べて再編が進んできた鉄鋼業界。その大手の新日鉄と住金が、なぜ合併するのか。そのヒントを得るために、世界最大手のArcelorMittalを見てきました。新日鉄と住金の合併は、金融危機が発生する前にメディアを賑わせたような、ArcelorMittalによる敵対的買収への対抗措置でないことは、納得されたでしょうか。

　鉄鋼業界はすでにグローバル競争に移行しており、そのグローバル市場全体できびしい経営環境が続いています。低い利益率が続くなど、ArcelorMittalの決算書が何よりそれを体現していました。

　こうしたなかで、規模の追求のみを目的とした、海外鉄鋼企業による力ずくのM&Aは、当面は考えにくいものです。ましてや、市場が成熟している日本とあれば、傘下に収めたいと考える優先順位は下がっているはずです。実際、ArcelorMittal自らが2010年のアニュアルレポートのなかで、今後の投資の優先順位について次のように述べています。

　ArcelorMittal's <u>first priority</u> will be to remain competitive by maintaining and upgrading its assets, which is likely to require about $2.5 billion to $3.5 billion of maintenance capex annually. <u>The next priority</u> will be organic growth, which remains primarily focused on increasing the Group's steel footprint in growth markets such as Brazil, and on large scale mining projects. <u>Then, the Company will</u> develop selective Mergers and Acquisitions (M&A), with small transactions that are very strategic being financed with cash and larger acquisitions utilzing equity financing. <u>Finally, any remaining cash</u> would then be first used to further reduce the Group's debt level.

　資金の使いみちの優先順位は、①競争優位性を維持するための年25億〜35億ドルの設備投資、②有機的成長実現のための、ブラジルなどの成長市場や大規模採鉱プロジェクト、③選別的なM&Aを、小規模のものは手元キ

ャッシュで、大規模なものはエクイティファイナンスにより実現、④残ったキャッシュは、グループ全体の負債返済に活用する。

　①の年25億～35億ドルの設備投資というのは、1ドル80円で換算して2,000億～2,800億円です。2011年3月期の新日鉄の鉄鋼事業への設備投資は、連結で2,900億円、単体で2,100億円でした。ArcelorMittalは先進国を中心とした既存市場への投資はギリギリまで切り詰めながら、新興成長国への投資やM&Aへの余力を確保しようとする狙いと思われます。

　鉄鋼業界は、業界内の競争が激しく、川上の資源会社からの値上げ圧力と、川下の大口顧客からの値下げ圧力にさらされています。世界トップのArcelorMittalも、国内トップの新日鉄も、必ずしも誇れるような水準の利益を出していないのが実情です。日本企業にとっては、それに追い打ちをかけるように、自動車メーカーなど大口顧客の海外シフトが進んでいます。

　こうした背景は、国内鉄鋼メーカーのグローバル化が一刻の猶予も許されないことを示唆しています。

　そのためには、成熟する国内市場において、確実に利益を生み出せるような経営基盤をつくることが早急に求められます。技術力、開発力、生産拠点、製品ライン、営業網、物流網、原材料調達、本社間接部門、多角化事業、財務体質、従業員、外部協力会社、地域社会など、まさにすべての経営基盤です。これらを企業単独で実現するには、スケールメリットや時間コストの面で限界があります。こうした背景から、新日鉄と住金は大手同士の合併を決めたわけです。

　このように考えれば、これは国内の鉄鋼再編のスタートにすぎないとも言えます。刻々と経営環境が変化していくのが鉄鋼業界の特性ですが、国内市場の成熟化だけは、残念ながら既定路線です。Five Forcesのすべてがグローバル単位の競争にすでに移っているため、国内企業であっても否応なくグローバル市場に引きずり込まれていきます。新日鉄と住金の合併はその先鞭をつけるも

のですから、必ず成功させなくてはならないでしょう。

　同時に、多くの日本企業がいま起こさなくてはならない1つの姿として、この合併の推移を見守りたいものです。再び日本の鉄鋼メーカーが世界をリードする姿を期待して。

Let's Try

　日本企業の経営環境をきびしくしている背景の1つとして、世界市場での韓国メーカーの急速な台頭も挙げられます。電機ではサムスン電子、自動車では現代自動車が有名ですが、鉄鋼業界においても、すでに合併前の新日鉄の粗鋼生産量を上回る規模のPOSCOが存在します。検索サイトから「POSCO investor relations」と検索して、同社の決算書を入手してみましょう。そして、ArcelorMittalと同じ現象（低迷する利益率や成長率、巨額の在庫や設備、莫大な借金、加速するM&Aや資源開発への投資等など）が見られるかを分析してみてください。

ブレイクタイム……3
Tips on Accounting in English

これだけは覚えておきたい会計用語（PL編）

Cost of goods sold（COGS）/ Cost of sales……売上原価
売れた分（仕入れた分ではない）のグッズのコストだからCost of goods sold。

Raw material expense……原材料費
Raw（生の）material（材料）だから原材料。

Personnel expense / Labor expense……人件費
発音は、パーソナルではなく「パーソネール」。アクセントは「ネ」に置いて。

Depreciation expense……減価償却費
Appreciate（価値が上がる）の反対だから、Depreciate（価値を下げる）の名詞形。

Utilities expense / Heat, light and water expense……水道光熱費
Utility（＝役に立つもの）だから、水道光熱費。

Transportation, distribution, logistic, freight expense……物流費
どれもカタカナ英語になっているから問題なし。

Selling, general and administrative expenses（SG&A）
……販売費及び一般管理費
販売（Selling）、一般（General）、管理（Administrative）と日本語もそのまま。SG&Aと略しても十分通じます。

Advertising / Advertisement expense……広告宣伝費
アドバタイジングはカタカナ英語で問題なし。

Sales promotion expense……販売促進費
セールスプロモーションもカタカナ英語で問題なし。

Rent expense……家賃
賃借（Rent）の費用だから家賃。

Entertainment expense……交際費
日本語の「交際費」が後ろめたい響きを帯びているのに比べると、エンタテインメント（Entertainment）とは何とも楽しい雰囲気です。

（Goodwill and other intangible fixed assets）Amortization expense　……（のれん他無形固定資産）償却
　英語でGoodwillはビジネス上の「信用」を意味します。まさに日本語の「のれん」に匹敵するもの。保有年数が決まっている無形資産の減価償却はAmortizationです。のれんは米国基準やIFRSでは償却しません。

Research & Development expense……研究開発費
　リサーチ（研究）とデベロップメント（開発）はカタカナ英語で問題なし。

Provision of allowance for doubtful accounts……貸倒引当金繰入額
　貸し倒れる可能性のある債権を英語でdoubtful account（疑わしい勘定）と表現します。そのためのallowance（引当金）のProvision（繰入額）です。

Bad debt expense……貸倒損失
　Bad（悪い）、debt（負債）のexpense（費用）も直接的な表現です。発音は、最初の2語をつなげて「Baddet expense」といった感じです。

Interest income (expenses)　……受取（支払）利息
　Interestはカタカナ英語では「インタレスト」と書きますが、英語でこの発音は通じません。Googleの翻訳ツールを使って発音を確認してみましょう。

Dividend income……受取配当金
　Divide（＝分ける）と同じ語源です。利益を皆で分け合うのが配当金です。

Equity in gains (losses) of affiliated companies　……関連会社持分法による投資利益（損失）
　関連会社はaffiliated companies。ネットのアフィリエイトと同じく、一定の距離を保ったグループ企業です。持分法は英語でEquity methodと言います。

Extraordinary gains (losses)　……特別損益
　Ordinary（普通）でないのがExtraordinary（特別）です。

第3章 | **Blockbuster**
経営破綻の予兆を
「CF計算書」から察知する

ケース・オープニング

Case Opening

　DVDレンタルのTSUTAYAを経営するカルチュア・コンビニエンス・クラブ（以下、CCC）は、2011年7月22日に上場を廃止しました。
　上場していた株式の過半数を公開買付け（TOB＝Take-Over Bid。米国ではTender Offerと呼ぶのが一般的）によって取得したのは、MMホールディングスです。聞きなれない会社名ですが、CCCの創業者で代表取締役社長兼CEOの増田宗昭氏のイニシャル（MM）に気がつけば、実質的には経営者による株式の買い取り、つまりMBO（Management Buy-Out）だとわかります。
　2011年3月に終了したTOBにMMホールディングスが要した資金は約600億円。実質的には個人による企業買収ですから、じつに巨大な金額です。**DVDレンタル業界で国内トップシェアを走るCCC。その創業社長の増田氏は、いったいなぜ、このタイミングで上場廃止を決めたのでしょうか？**
　思い起こすと、全米DVDレンタル業界最大手のBlockbuster（ブロックバスター）は、2010年9月にChapter 11（Title 11 of the U.S. Code＝米連邦破産法11条。日本の民事再生法に相当）の適用を申請して、経営破綻しました。業界トップといえども、業績が低迷し、資金が足りなくなり、最後に誰も助けてくれなければ、破綻します。CCCのMBOは、Blockbusterが破綻したわずか5ヵ月後に発表されましたから、それが今回の意思決定の大きな要因の1つになったことは疑いないでしょう。

　米国では、2011年2月に書店業界2位のボーダーズ・グループ（Borders Group）が同じくChapter 11の適用を申請し、その後Chapter 7（Title 7 of the U.S. Code＝米連邦破産法7条。日本の破産法に相当）に転換。2011年9月に最後の1店舗が閉鎖されました。同最大手のバーンズ・アンド・ノーブル（Barnes & Noble）も、2011年の第1四半期に赤字を計上し、8月にはLiberty Media Investmentという投資ファンドからの出資と2人の役員を受け入れました。
　こうした全米トップシェアの店舗を保有する小売企業たちが次々と身売りや

破綻している背景を、第2章で紹介した「Five Forces（5つの力）」で考えてみましょう。

それぞれのForceで変化は起きているものの、**各企業を苦境に陥れている最大のForceは、Threat of Substitute Products or Services（代替製品・サービスの脅威）**です。店舗型のDVDレンタル業界や書店業界で勝利しても、業界そのものが沈没すれば、皆が共倒れしてしまうという典型的なケースです。

自分たちはDVDレンタルを提供している、自分たちは書籍・雑誌を提供している小売店と彼らが考えていたとすれば、それが命取りになったのかもしれません。DVDレンタルも書籍・雑誌も、1つのコンテンツであり、余暇を過ごす道具であり、趣味であり、エンタテインメントです。実際には目に見えない数多くの競合が、顕在的にも潜在的にも存在しています。

このことから、**Five Forcesでは、考察する業界をどう定義するかがとても大切**になります。

業界を少し狭く「DVDレンタル業界」と定義してみましょう。Blockbusterのような店舗型DVDレンタルの代替品は、オンライン配信によって映画や音楽を容易に入手できることがまず思い浮かびます。オンライン配信が台頭した背景には、大容量通信の低価格化や、iPadなどタブロイド型端末の急速な浸透がありました。Blockbusterは全米に多くの店舗を抱えているがゆえに、こうした技術やサービスの進化を十分にとらえきれなかったのかもしれません。店舗網は彼らにとって最大の優良資産だったはずが、いつの間にか負の資産と化していたのです。

また、ネットフリックス（Netflix）など、店舗を持たない宅配型DVDレンタルの台頭や、レッドボックス（Redbox）など自動貸出機によってレンタルできるサービスの出現も、代替品として挙げることができます。

では、**今度は業界をもっと広く「エンタテインメント業界」と定義**してみましょう。すると、オンラインゲームや携帯電話、インターネット通販も、店舗

型DVDレンタルの代替品に含まれてきます。読者の皆さんも、「最近はゲームにはまっていて、DVDはレンタルしてないなぁ」といったことはないでしょうか？　私たち消費者は、財布のパイも時間のパイも限られています。その限られたパイをDVDレンタルに使うか、オンラインゲームに使うかは、どちらにエンタテインメント性を感じるかといった、私たちの判断にすべて委ねられています。

　このように、**BlockbusterやTSUTAYAなどの店舗型DVDレンタルが勝ち残るためには、オンラインや宅配型の競合サービスに対して利便性や品揃えなどで勝つだけでなく、広くエンタテインメント業界で提供されているさまざまなコンテンツやサービスにも打ち勝たなくてはならない**ことになります。

　2010年9月に経営破綻したBlockbuster。その決算書は、どれくらい悪化していたのでしょうか？　そもそも、悪化とはどこで判断すべきものでしょう？

　CCCはそうした事態に陥る前に非上場化に成功したのですから、さすがは創業社長の先見の明あり、といったところでしょうか。そもそもCCCの財務は、それほど悪化していたのでしょうか。Blockbusterの破綻までの経緯と決算書を振り返りながら、CCCのMBOの妥当性を考えていくことにしましょう。

STEP 1
企業の持続性を判断する
Read Corporate Sustainability

　企業が破綻するのは、キャッシュ（現金）が枯渇するときです。どんなにPL上の赤字を垂れ流していても、お金さえあれば、企業は破綻しません。そのわかりやすい例として、第6章で取り上げるAmazon.com（以下、Amazon）が挙げられます。Amazonは、1994年の創業から2002年まで、じつに9年連続してPL上は赤字でした。国内企業でも、楽天は上場した2000年度から2004年度まで、5年連続してPL上は赤字を計上しました。

　こうした企業がそれでも破綻しなかったのは、単純に手元にお金があったためです。PL上の利益はなくても、以前に調達したお金が手元に残っているとか、お金が外部の投資家や取引先から継続して入ってくればよいのです。

　では、企業にお金がどのように入り込み、そしてどのように流れ出ていくのか。これをしっかり読みとれば、企業の持続性（Sustainability）を判断できるはずです。**こうしたお金（Cash）の流れ（Flow）、すなわちCash Flowを決算書として示すのが、キャッシュフロー計算書（CF計算書）です**。英語では「Cash Flow Statement」、あるいは「Statements of Cash Flows」と呼ばれます。PL、BSとともに、財務3表と言われる重要な決算書です。

キャッシュフロー計算書の構造をおさえる

　CF計算書では、企業と外部との間に発生するすべてのお金の流れを、3つの性質に分けて記述します。上から順に、
- 営業活動によるキャッシュフロー（Cash flows from operating activities）
- 投資活動によるキャッシュフロー（Cash flows from investing activities）
- 財務活動によるキャッシュフロー（Cash flows from financing activities）

です。

　端的に言えば、営業キャッシュフロー（営業CF）は研究開発、仕入れや製造、

販売・マーケティング、コーポレート活動といった、本業の活動に関わるお金の流れ、投資キャッシュフロー（投資CF）は設備投資やM&Aといった投資活動に関わるお金の流れ、そして財務キャッシュフロー（財務CF）は株主や金融債権者との財務活動に関わるお金の流れを表しています。

①Cash flows from operating activities（営業活動によるキャッシュフロー）

　本業に関わるキャッシュフローです。**間接法と呼ばれる方法で記述されるのが一般的です**。間接法とは、PL上の利益からスタートして、キャッシュと利益のズレを修正しながらキャッシュフローを導く表記方法です。間接法で表記することによって、利益とキャッシュがどこでいくらズレているかが一目瞭然となります。

　本業から生み出されるキャッシュフローなので、全体としてプラスの数値が安定的に成長していく姿が望ましいものです。

②Cash flows from investing activities（投資活動によるキャッシュフロー）

　投資活動に関わるキャッシュフローです。直接法で記述されます。直接法とはその名のとおり、収入はプラス、支出はマイナスとしてそのまま記述するものです。

　投資CFに含まれるとくに重要なキャッシュフローとして、**設備投資とM&Aに関わる支出**が挙げられます。**投資活動として支出することが主なキャッシュフローなので、全体でマイナスの数値となるのが一般的です**。ただし、大きな固定資産（有形固定資産、無形固定資産、投資有価証券など）の売却があった場合は、まれに全体でプラスの値を示すこともあります。

　営業CFと投資CFを足した正味の金額を、Free Cash Flow（フリーキャッシュフロー、FCF）と呼びます。営業CFの範囲内で投資CFのマイナスが収まっていれば、フリーキャッシュフローはプラスの値を示します。

③Cash flows from financing activities（財務活動によるキャッシュフロー）
　金融債権者（銀行、社債権者）や株主といった投資家とのやりとりに関わるキャッシュフローです。直接法で記述されます。
　財務CFに含まれる重要なキャッシュフローとして、銀行からの借入れ、社債発行、増資などによるキャッシュの収入や、銀行への返済、社債償還、配当金支払い、自社株買いなどによるキャッシュの支出があります。**業績が堅調なときは、借入れの返済や配当の支払いなどによる支出が金額的に上回り、全体でマイナスの数値となるのが一般的です**。しかし、企業の成長期、あるいは混迷期に外部から新たな資金調達が行われる場合は、全体でプラスの数値となることもあります。
　多くの場合、**FCFがプラスであれば、財務CFはマイナスを示し、反対にFCFがマイナスであれば、財務CFはプラスとなります**。FCFの推移と合わせながら、その妥当性を評価するのがよいでしょう。

④Cash and cash equivalents at end of year（現金及び現金同等物の期末残高）
　CF計算書の最後の行にある「現金及び現金同等物の期末残高」は、その言葉どおりキャッシュの残高なので、ここはキャッシュのフローではなく、キャッシュのストック情報です。上記の3つのキャッシュフローの結果として、手元のキャッシュ残高が最終的にいくらになったのかを示しています。

　米国会計基準やIFRS（国際会計基準）では、PLとBSの大きな構造は日本会計基準と一緒でも、いろいろな表記やルールが異なることを、ここまで触れてきました。一方、**CF計算書は、財務3表のなかでも、3つの会計基準の間でもっとも違いが少なくなっています。どこの国に行ってもお金はお金なので、会計基準の違いは影響しないことを裏づけます**。
　キャッシュフローを営業CF、投資CF、財務CFに分ける構造も呼び方も3基準ですべて同じです。何をどこに入れるかで若干の違いはありますが、それは

金額の大きな場合にそのつど対応していけばよいでしょう。

なお、営業CFは、日本も米国もIFRSも間接法、直接法の両方が現在許容されています。IFRSでは将来、直接法が強制される可能性も指摘されていますが、決定した事項ではありません。

キャッシュフローは時系列で読む

Cash flowはその言葉どおり、時間のFlow（流れ）とともに読むのが有効です。
Blockbusterの上場企業として最後の決算書となった2010年1月（2009年度）から遡ること過去5年間の、PL上のNet income（純利益）とCF計算書上

図表3-1　Blockbusterのキャッシュフローの推移

in millions of US$（百万ドル）	2009年度 3-Jan-10	2008年度 4-Jan-09	2007年度 6-Jan-08	2006年度 31-Dec-06	2005年度 31-Dec-05	Total in 5 years
Net income 純利益	(558.2)	(374.1)	(73.8)	50.5	(583.9)	(1,539.5)
Stockholders' equity 株主資本	(314.3)	214.3	655.7	723.3	631.6	n/a
CF from operating 営業CF	29.3	51.0	(56.2)	329.4	(70.5)	283.0
CF from investing 投資CF	(74.9)	(116.5)	76.7	(41.0)	(114.2)	(269.9)
CF from financing 財務CF	72.4	49.4	(241.0)	(183.2)	138.3	(164.1)
Free Cash Flows FCF	(45.6)	(65.5)	20.5	288.4	(184.7)	13.1
Effect of exchange rate changes on cash 為替相場変動による影響額	7.0	(13.6)	10.2	13.5	(7.7)	9.4
Net increase (decrease) in cash and cash equivalents 現金及び現金同等物の増減額	33.8	(29.7)	(210.3)	118.7	(54.1)	(141.8)
Cash and cash equivalents at beginning of year 現金及び現金同等物の期首残高	154.9	184.6	394.9	276.2	330.3	n/a
Cash and cash equivalents at end of year 現金及び現金同等物の期末残高	188.7	154.9	184.6	394.9	276.2	n/a

n/a＝not applicable

出所：Blockbuster Annual report

の各Cash flowの推移は図表3-1のとおりです（2007年1月以降は、決算期をそれまでの12月31日から、12月30日以降に訪れる最初の日曜日に変更。2008年度と2009年度は52週間、2007年度は53週間を含む決算期間になっている）。

表の1番右側に記したTotal in 5 years、すなわち5年間の累計金額を見ると、PL上のNet income（純利益）は累計15億ドルの赤字となっています。過去5年間でPLのボトムラインが黒字だったのは、2006年度の5,000万ドルのみです。さらにStockholders' equity（株主資本）も赤字による減少を続け、ついに2009年度には3億ドル強の債務超過（stockholders' deficit、Asset deficiency）に陥っています。資本をすべて食いつぶすほどの赤字が続いたのに、2010年9月までよく破綻しないでいられたなあ、とすら思えます。

でも、それはひとえにお金が回っていたからです。では、いかにしてお金を

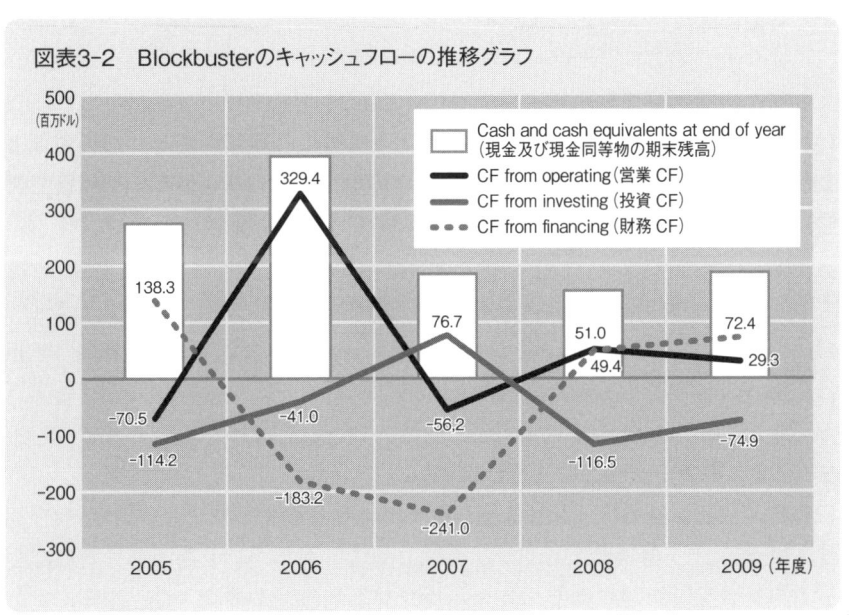

図表3-2　Blockbusterのキャッシュフローの推移グラフ

凡例：
- Cash and cash equivalents at end of year（現金及び現金同等物の期末残高）
- CF from operating（営業CF）
- CF from investing（投資CF）
- CF from financing（財務CF）

年度	現金残高	営業CF	投資CF	財務CF
2005	—	-70.5	-114.2	138.3
2006	—	329.4	-41.0	-183.2
2007	—	76.7	-56.2	-241.0
2008	51.0	-116.5	49.4	—
2009	72.4	29.3	-74.9	—

出所：Blockbuster Annual reportをもとに著者作成

回していたのか。そこでCF計算書を見てみましょうとなるのです。

では、肝心のキャッシュフローのほうはどうでしょうか。Reading Cash Flows on a flow basis（キャッシュフローは時系列で読む）を実践するため、当該5ヵ年をグラフにフローで描きます（前ページの図表3-2）。

Blockbusterのキャッシュを時系列で描いてみると、たとえば次のような思考、そして疑問が湧いてきます。

①Cash flows from operating activities（営業活動によるキャッシュフロー）

3つのCFともに、各年でプラスとマイナスを激しく行き来しているのが第一印象です。営業CFは、5年度のうち意外にも3年度は黒字、つまり本業からはプラスのキャッシュフローを生んでいます。5年間累計でも2億8,300万ドルの収入超過（Net cash inflows）となっています。累計赤字の利益と累計黒字のキャッシュフローの動きの違いは、どこから生じているのでしょうか？

PL上の利益は2006年度以外すべて赤字、累計15億ドルの赤字だった事実に照らすと、違和感を覚えます。その2006年度は利益が黒字であったばかりか、営業CFも大幅な黒字となっています。**いったいこの年に何があったのでしょうか。もし純粋に業績好調の1年であったのなら、なぜその翌年にも持続できなかったのでしょう。**

②Cash flows from investing activities（投資活動によるキャッシュフロー）

投資CFは2007年度を除いてマイナスです。5年間累計でも2億6,900万ドルの支出超過なので、営業CFの収入をほぼ相殺する額です。よって、5年間累計のFCF（営業CF＋投資CF）は、収支ほぼトントンと見ることができます。少なくとも、**FCF上は赤字ではありません。**

ではトントンなのに、なぜ破綻しなくてはならなかったのか。また2007年度に投資CFがプラスとなっているのはなぜでしょうか。そもそも、同社にとっての大きな投資とは何でしょう。**レンタル用のDVDの購入は、設備投資と**

して認識し、投資CFとなるのでしょうか。それとも在庫として認識して、営業CFの一部となるのでしょうか。

③Cash flows from financing activities（財務活動によるキャッシュフロー）
　財務CFも、プラスとマイナスを激しく行き来していますが、5年間の累計で見れば1億6,400万ドルの支出です。FCFは5年間累計でほぼトントンでも、この財務活動で支払った金額が大きく、5年間の手元Cashの累計減少額1億4,100万ドルとほぼ等しくなっています。
　財務活動で支払っているのは、配当金、自社株買いなどの株主還元が主でしょうか。それとも銀行借入れや社債など有利子負債の返済でしょうか。後者であれば、財務体質は改善していったはずなので、いざというときに資金供与してくれるような金融機関や株主はいなかったのでしょうか。

④Cash and cash equivalents at end of year（現金及び現金同等物の期末残高）
　以上の3つのキャッシュフローの結果、手元の現預金は、2006年度をピークに減少に転じました。それでも、2010年1月現在で1億8,800万ドルの現金残があります。これは2009年度の売上約40億ドルの4.6%、17日分程度に相当します。少なくとも、枯渇しているといったイメージでもありません。**この約9ヵ月後に起きるBlockbusterの経営破綻に、どう結びつくのでしょうか。**

STEP 2
キャッシュフロー計算書を読む
Read the Cash Flow Statement

ここまでに挙げた疑問点を意識しながら、いよいよBlockbusterのCF計算書の中身を見ていきましょう（126〜129ページの図表3-3）。

Blockbusterの営業キャッシュフロー

2008年度（2009年1月4日末）と2009年度（2010年1月3日末）は、PL上は赤字なのに、営業CFは黒字となっています。つまり、「利益はないけどお金はある」ということ。「勘定合って銭足らず」の反対で、いわば「勘定合わずも銭はある」といったところです。

前述のように、営業CFは間接法、すなわちPL上の利益からスタートして、キャッシュと利益のズレを修正しながら表記されています。間接法は、会計を初めて学ぶ方がつまずきやすいところです。ややこしさが先行して、ありがたみを感じるに至らないからでしょう。

キャッシュの動きが知りたいのに、わざわざPL上の利益からスタートするのは面倒なプロセスに感じられます。でも、Blockbusterの3年間のように、**「利益はないけどお金はある」といったPLとキャッシュがズレているときにこそ、間接法が最大の効果を発揮します**。2009年度を例に考えてみましょう。

2009年度は、営業CFの先頭のNet income（loss）（純損益）が5億5,800万ドルの純損失となっています。しかし、間接法によって得られる最終的な営業CFは、2,900万ドルの収入です。利益とキャッシュの6億ドル近いズレは、いったいどこからもたらされたのでしょうか。

ここで、第1章で学んだ「優先順位：BSは大きな数値から読む」を思い出してください。BSに限らずCF計算書でも、大きな値に優先的に注目してみます。PLの赤字からCFの黒字になる間接法のプロセスのなかで、1億ドル以上の大きな値には、次の7つがあります。このうち、①〜④はPL上の純利益（損失）

から営業CFへの調整項目、⑤〜⑦は運転資金（Working capital）の増減によって生じたものです。

①Depreciation and intangible amortization（減価償却費及び無形固定資産の償却額）
　　　→→→2009年度 +147.1、2008年度 +152.2（in millions of US $）
　固定資産の減価償却（Depreciation、Amortization）をPL上の利益に足し戻して、キャッシュフローにするための計算です。PL上で差し引かれる減価償却はCFの流出を伴わないので、足し戻すことでCFの値に一歩近づくことができます。後に見る投資CF内にある償却対象資産への投資額と比べても大きな額なので、現在より過去のほうが大きな投資を行っていたことが類推できます。

②Impairment of goodwill and other long-lived assets（のれん及びその他固定資産の減損）
　　　→→→2009年度 +369.2、2008年度 +435.0
　のれん（Goodwill）やその他固定資産（Other long-lived assets）の減損（Impairment）額をPL上の利益に足し戻して、キャッシュフローにするための計算です。減損は帳簿上の固定資産価値を下げ、利益はその分減少しますが、キャッシュが失われるものではありません。①の減価償却と一緒で、PL上の利益計算では差し引かれていても、CFの流出を伴うものではないのです。2年度の合計で8億ドル超と巨額な値です。過去に投資された資産からの収益期待が、かなりきびしくなってきていることがうかがわれます。

③Rental library purchases（レンタル用ソフトウェアの購入）
　　　→→→2009年度 −500.2、2008年度 −610.5
　レンタル用ソフト購入の支出は、米国会計基準では投資CFではなく営業CFで差し引くということがわかります。

図表3-3　Blockbusterのキャッシュフロー計算書

BLOCKBUSTER INC.
CONSOLIDATED STATEMENTS OF CASH FLOWS
(in millions of US$)

	Fiscal Year Ended				
	3-Jan-10	4-Jan-09	6-Jan-08	31-Dec-06	31-Dec-05
Cash flows from operating activities:					
Net income (loss)	(558.2)	(374.1)	(73.8)	50.5	(583.9)
Adjustments to reconcile net income (loss) to net cash flow provided by (used in) operating activities:					
Depreciation and intangible amortization	147.1	152.2	185.7	212.9	228.6
Impairment of goodwill and other long-lived assets	369.2	435.0	2.2	5.1	356.8
Rental library purchases	(500.2)	(610.5)	(709.3)	(656.4)	(855.4)
Rental library amortization	519.8	681.8	740.5	691.0	869.3
Non-cash share-based compensation expense	7.3	14.1	14.6	25.5	38.9
Loss (gain) on sale of store operations	41.9	0.7	(89.9)	—	—
Deferred income taxes, gain on sales of assets and other	19.9	10.3	11.1	(10.7)	36.2
Loss on extinguishment of debt	29.9	—	—	—	—
Change in operating assets and liabilities:					
Change in receivables	37.5	(10.2)	21.6	(7.0)	37.4
Change in merchandise inventories	120.7	(122.6)	(50.7)	(23.5)	190.4
Change in prepaid and other assets	31.6	18.4	(3.1)	0.1	(25.8)
Change in accounts payable	(124.6)	(29.4)	(32.6)	133.4	(341.8)
Change in accrued expenses and other liabilities	(112.6)	(114.7)	(72.5)	(91.5)	(21.2)
Net cash flow provided by (used in) operating activities	29.3	51.0	(56.2)	329.4	(70.5)
Cash flows from investing activities:					
Capital expenditures	(32.3)	(118.1)	(74.4)	(78.5)	(139.4)
Change in restricted cash	(58.5)	—	—	—	—
Cash used for acquisitions, net	—	(2.4)	(12.0)	(1.6)	(2.5)
Proceeds from sales of property and equipment	1.6	0.5	1.9	22.7	0.5

	Fiscal Year Ended				
	3-Jan-10	4-Jan-09	6-Jan-08	31-Dec-06	31-Dec-05
Proceeds from sales of store operations	13.2	4.6	21.0	12.4	26.7
Proceeds from sale of Gamestation	—	—	147.7	—	—
Acquisition of intangible assets	—	—	(7.4)	—	—
Other investing activities	1.1	(1.1)	(0.1)	4.0	0.5
Net cash flow provided by (used in) investing activities	(74.9)	(116.5)	76.7	(41.0)	(114.2)
Cash flows from financing activities:					
Proceeds from senior secured notes	634.5	—	—	—	—
Proceeds from credit agreements	381.4	235.0	115.0	—	255.0
Repayments on credit agreements	(864.4)	(164.3)	(329.1)	(155.5)	(225.1)
Net repayments on other notes and lines of credit	—	—	—	—	(0.7)
Net proceeds from the issuance of preferred stock	—	—	—	—	144.0
Net proceeds from the exercise of stock options	—	—	—	—	0.8
Cash dividends on preferred stock	(2.8)	(11.3)	(11.3)	(11.3)	(7.8)
Debt financing costs	(65.7)	—	(4.0)	—	(8.1)
Capital lease payments	(10.6)	(10.0)	(11.6)	(16.4)	(19.8)
Net cash flow provided by (used in) financing activities	72.4	49.4	(241.0)	(183.2)	138.3
Effect of exchange rate changes on cash	7.0	(13.6)	10.2	13.5	(7.7)
Net increase (decrease) in cash and cash equivalents	33.8	(29.7)	(210.3)	118.7	(54.1)
Cash and cash equivalents at beginning of year	154.9	184.6	394.9	276.2	330.3
Cash and cash equivalents at end of year	188.7	154.9	184.6	394.9	276.2
Supplemental cash flow information:					
Cash payments for interest	68.4	71.2	77.4	99.5	89.5
Cash payments (refunds) for income taxes, net	21.5	26.6	29.9	(2.2)	11.2

出所：Blockbuster Annual report

BLOCKBUSTER INC.
連結キャッシュフロー計算書
(百万ドル)

	事業年度末				
	10年 1月3日	09年 1月4日	08年 1月6日	06年 12月31日	05年 12月31日
営業活動によるキャッシュフロー					
当期純利益（損失）	(558.2)	(374.1)	(73.8)	50.5	(583.9)
当期純利益（損失）から営業活動によるキャッシュフローへの調整					
減価償却費及び無形固定資産の償却額	147.1	152.2	185.7	212.9	228.6
のれん及びその他固定資産の減損	369.2	435.0	2.2	5.1	356.8
レンタル用ソフトウェアの購入	(500.2)	(610.5)	(709.3)	(656.4)	(855.4)
レンタル用ソフトウェアの償却	519.8	681.8	740.5	691.0	869.3
非現金株式報酬費用	7.3	14.1	14.6	25.5	38.9
店舗売却損（益）	41.9	0.7	(89.9)	—	—
資産他売却益に伴う繰延税金資産	19.9	10.3	11.1	(10.7)	36.2
負債償却に伴う損失	29.9	—	—	—	—
運転資金の増減：					
売上債権の増減額	37.5	(10.2)	21.6	(7.0)	37.4
商品在庫の増減額	120.7	(122.6)	(50.7)	(23.5)	190.4
その他流動資産の増減額	31.6	18.4	(3.1)	0.1	(25.8)
買掛金の増減額	(124.6)	(29.4)	(32.6)	133.4	(341.8)
その他流動負債の増減額	(112.6)	(114.7)	(72.5)	(91.5)	(21.2)
営業活動によるキャッシュフロー	29.3	51.0	(56.2)	329.4	(70.5)
投資活動によるキャッシュフロー					
資本的支出	(32.3)	(118.1)	(74.4)	(78.5)	(139.4)
制限付き現金の増減	(58.5)	—	—	—	—
買収額（取得現金控除額）	—	(2.4)	(12.0)	(1.6)	(2.5)
固定資産売却による収入	1.6	0.5	1.9	22.7	0.5

	事業年度末				
	10年1月3日	09年1月4日	08年1月6日	06年12月31日	05年12月31日
店舗売却による収入	13.2	4.6	21.0	12.4	26.7
Gamestation売却による収入	—	—	147.7	—	—
無形固定資産購入額	—	—	(7.4)	—	—
その他投資活動による収支	1.1	(1.1)	(0.1)	4.0	0.5
投資活動によるキャッシュフロー	(74.9)	(116.5)	76.7	(41.0)	(114.2)
財務活動によるキャッシュフロー					
優先担保付手形による調達額	634.5	—	—	—	—
与信契約による調達額	381.4	235.0	115.0	—	255.0
与信契約による返済額	(864.4)	(164.3)	(329.1)	(155.5)	(225.1)
その他手形及び信用枠での純返済額	—	—	—	—	(0.7)
優先株発行による調達額	—	—	—	—	144.0
ストックオプション行使による調達額	—	—	—	—	0.8
優先株への配当金の支払額	(2.8)	(11.3)	(11.3)	(11.3)	(7.8)
有利子負債調達コスト	(65.7)	—	(4.0)	—	(8.1)
キャピタルリースの支払い	(10.6)	(10.0)	(11.6)	(16.4)	(19.8)
財務活動によるキャッシュフロー	72.4	49.4	(241.0)	(183.2)	138.3
為替変動の現金への影響額	7.0	(13.6)	10.2	13.5	(7.7)
現金及び現金同等物の純増減額	33.8	(29.7)	(210.3)	118.7	(54.1)
現金及び現金同等物の期首残高	154.9	184.6	394.9	276.2	330.3
現金及び現金同等物の期末残高	188.7	154.9	184.6	394.9	276.2
補足情報					
支払利息の支払い	68.4	71.2	77.4	99.5	89.5
法人税等の支払い	21.5	26.6	29.9	(2.2)	11.2

出所：Blockbuster Annual report

④Rental library amortization（レンタル用ソフトウェアの償却）
　　　→→→2009年度 +519.8、2008年度 +681.8
　レンタル用ソフトは償却（Amortization）対象であり、これをPL上の利益に足し戻していることがわかります。レンタルソフト業界という特殊な業界の決算処理なので、一般にもなじみの薄い会計処理です。レンタルソフトの会計上の処理は、設備投資と同様に資産計上し、これを償却します。ただし、キャッシュの支出が投資CFではなく営業CFに表記されるということです。2年度ともに「償却額（Amortization）＞ 購入のための支出（Purchases）」なので、レンタルソフトの購入額は以前より減少していることが類推されます。

⑤Change in merchandise inventories（商品在庫の増減額）
　　　→→→2009年度 +120.7、2008年度 -122.6
　レンタルではなく、販売用の商品（Merchandise inventories）購入のためのキャッシュの収支です。2009年度のプラスは利益よりキャッシュが多いということなので在庫減、2008年度のマイナスは利益よりキャッシュが少ないということなので在庫増を意味します。

⑥Change in accounts payable（買掛金の増減額）
　　　→→→2009年度 -124.6、2008年度 -29.4
　買掛金の増減によるキャッシュの変化を示します。2年度ともにマイナスの値ということは、利益よりキャッシュが少ないということ。つまり買掛金の減少を意味しています。レンタルソフトの減少傾向と合致する動きです。

⑦Change in accrued expenses and other liabilities（その他流動負債の増減額）
　　　→→→2009年度 -112.6、2008年度 -114.7
　未払費用など、買掛金以外の流動負債の増減によるキャッシュの変化を示し

図表3-4　Blockbusterの減損の明細（脚注）

(Fiscal Year Ended、年度末)

in millions of US$（百万ドル）	January 3, 2010	January 4, 2009	January 6, 2008
Domestic（国内事業）			
Goodwill（のれん）	231.9	432.6	–
Property and equipment（有形固定資産）	35.9	1.4	2.2
Reaquired franchise rights（フランチャイズ権の買い戻し）	2.2	1.0	–
International（海外事業）			
Goodwill（のれん）	94.2	–	–
Property and equipment（有形固定資産）	5	–	–
Total（合計）	369.2	435.0	2.2

出所：Blockbuster Annual report

ます。2年度ともにマイナスの値なので、買掛金と同じく勘定が減少していることを意味しています。

　これら7つの金額のズレとその大きさに着目すれば、Blockbusterの「利益はないけどお金はある」最大の要因はImpairment of goodwill and other long-lived assets、つまり「のれん及びその他固定資産の減損」だとわかります。
　減損は、将来の収益力に見合わないのれんやその他固定資産の帳簿上の金額を引き下げ、それをPL上で損失として計上する処理です。実際のキャッシュを失うわけではありません。その金額があまりにも大きすぎたので、キャッシュは黒でも、利益は赤となったわけです。でもそれでOKでしょうか。具体的にどこで減損しているかを、アニュアルレポートのNotes（脚注）から見ておきましょう。
　2009年度のBlockbusterのアニュアルレポートには、減損の明細が表で示されています（図表3-4）。2008年度は減損の大部分がDomestic goodwill（米国内事業ののれん）に発生したものですが、2009年度は国内ではProperty and

equipment（有形固定資産）、海外ではGoodwill（のれん）の額も膨らんできています。このことから、国内も海外も、保有する有形固定資産もM&Aに関連するのれんも、全面的に減損処理が行われていることになります。

同社の2009年度の売上高は、前年度の50億ドルから10億ドル減って40億ドルです。売上が2割減少し、売上の1割に相当する額の減損を計上するような環境下で、利益を出せと言うほうが酷な話に思えてきます。これだけ多額の減損を行うということは、同社の将来にわたる収益力の見込みが急落していることを明示します。魅力的でない事業であれば、そこに新たなお金を投資しようという投資家を探すのも限られていくでしょう。

業績が低迷していたはずのBlockbusterですが、2006年度はPLは黒字、営業CFは大幅黒字でした。営業CFは間接法で書かれているため、わざわざPLを見なくても、なぜこの年だけPLが黒字だったのかを読みとることができます。このようにCF計算書だけを見ていても、財務3表が語れるのが、間接法の恩恵です。

この年は他の年度と比較して、①Impairment（減損）が少ないこと、②Change in accounts payable（買掛金の増減）が5年間で唯一プラスとなっていること、が特徴として挙げられます。

①は単に大きな減損がなかったので黒字で済みましたという話です。②の買掛金の変化によって、利益よりもキャッシュが多いということは、すなわち買掛金が増加していることを意味します。

業績が低迷しているのに、商品の購入が増加し、買掛金が増えているというのは違和感を覚えます。業績が悪化して資金繰りがきびしくなったため、仕入先に頼んで支払いを遅らせてもらった結果でしょうか。だとしたら、危機的な状況はここにも表れていることになります。

こうした違和感を覚える現象があるときは、基本に戻って、アニュアルレポートでこれに関する説明がないかを探します。一般に、日本の有価証券報告書より、米国のアニュアルレポートや10-K（年次報告書。150ページ参照）の

ほうが、私たちが「知りたい」と思う情報について、きちんと説明してあります。この件についても、同社の2006年度アニュアルレポートで「Accounts payable」と検索すると、次の説明を見つけることができます。

　During 2006, we purchased a greater percentage of our rental product under revenue-sharing arrangements. Revenue-sharing arrangements are not reflected as rental library purchases on the statement of cash flows and <u>allow for cash outlays over the life of the product as opposed to cash outlays at the time of purchase</u>, as required by traditional product purchases.

　2006年度は、レンタル商品の多くを「Revenue-sharing arrangements」と呼ばれる手法で買い付けた。これは、商品購入時にキャッシュの支払いが発生するものではなく、その後の商品のライフサイクルにわたって対価を支払っていくというもの。

　キャッシュフローを重視した経営を行うのであれば、もらうものはできるだけ早く受け取り、出ていくものはできるだけ遅く支払うのが鉄則です。そうした意味で、レンタル商品購入の対価を商品のライフサイクルに合わせて支払っていくというスキームは、とても有効です。

　Blockbusterにとって、レンタル商品は在庫でありながら、あたかも減価償却の進捗に合わせるようにして分割払いができるのです。しかも「Revenue-sharing arrangements」と呼ぶのだから、レンタル商品の売上を版元とshareしようというものでしょう。販売リスクを共有することで、在庫リスクの分散にもつながります。

　しかし、これも見方を変えれば、そうしたスキームを取らざるをえないほどレンタル動向が低迷してきた、あるいはそれによって自社の資金繰りが悪化してきた証ともとれます。たくさんレンタルできる自信があるなら、機会損失を

防ぐためにも「たくさん買って早く払うから、安くして！」と一括払いで購入し、その後の推移を楽しみに待つほうが賢明だからです。

「Revenue-sharing arrangements」を行うことで、その場で支払うキャッシュは減少し、商品のライフサイクルに合わせて今後支払っていく金額は急増します。そうしたなか、とりあえず支払いが確定した分は、Accounts payable（買掛金）として表れます。これによって買掛金が増加し、利益よりもキャッシュが多いという事態になって表れたのです。

以上から、2006年度のPL上の黒字とキャッシュの大幅黒字は、業績が良いから起きた現象ではないことがわかりました。PLが黒字なのは、大きな減損がなかったためです。キャッシュフローが大幅黒字なのは、レンタル商品の支払いを分割払いに変更したためです。

Blockbusterの投資キャッシュフロー

Blockbusterの投資CFで継続的に大きなマイナスの値を示しているのは、Capital expendituresです。略してCAPEX（ケイペックス）と呼ばれることも多いこの勘定は、日本語ではそのまま訳して「資本的支出」です。要するに、有形・無形固定資産への投資です。店舗内の構築物や、顧客管理のためのソフトウェアなどが同社の投資の中心と考えられます。

もともと1億ドル前後のCAPEXなので、営業CFにあるRental library purchases（レンタル用ソフトの購入）と比べると、わずかな金額です。いみじくも、レンタル商品の調達にいかに多くのお金がかかるかを改めて知ることができます。また、直近の2009年度はわずか3,200万ドルのCAPEXに留まっています。業績の低迷を受けて、投資をかなり抑え込んでいるのでしょう。同社の2009年度のアニュアルレポート冒頭にあるChairman and CEOからの手紙にも、次の1文があります。

We expect to further reduce costs by over $200 million, keep global capital expenditures at maintenance levels and aggressively manage working capital.
　2億ドルのさらなるコスト削減、グローバル市場での資本的支出をメンテナンス費用レベルに抑え、運転資金も積極的にコントロールしていく。

　この9ヵ月後に破綻する企業の経営者の言葉ととらえれば、すでにこの時点で末期症状に陥っていたとも思えます。
　なお、2007年度のみ投資CFがプラスとなっているのは、Proceeds from sale of Gamestationによる1億4,700万ドルの収入です。Gamestationはイギリスにあるビデオゲームの小売企業で、この事業会社を売却したことによる臨時収入です。一時的ではあっても、1億4,700万ドルの収入がBlockbusterの延命に寄与したことは間違いありません。

Blockbusterの財務キャッシュフロー

　財務CFのプラス・マイナスの符号は、過去5年度のすべてにおいて、FCFの符号の反対です。つまり、FCFがプラスのときは財務CFで支出が超過し、FCFがマイナスのときは財務CFで資金調達するというものです。
　これは多くの企業でよく見られる現象です。お金が余れば投資家に返すし、お金が足りなければ投資家から調達するという活動が、5年度にわたってきちんとできているように思えます。
　その間、1億ドル規模の動きがあるのは、Proceeds from senior secured notes（優先担保付手形による調達額）、Proceeds from credit agreements（与信契約による調達額）、Repayments on credit agreements（与信契約による返済額）の3つです。すべて有利子負債によるやりとりですが、とくに2009年度は、Credit agreementsからSenior secured notesへの借り換えを進めた

ように見受けられます。この借り換えについては、アニュアルレポートで次のように説明されています。

> During the first three quarters of 2009, we temporarily changed our strategy to manage the business for cash conservation. This temporary business strategy was necessary due to the upcoming debt maturities and challenging financial market conditions. On October 1, 2009, we completed the offering of $675 million of senior secured notes, using most of the proceeds to repay all of our remaining credit facilities.
>
> 借入れの満期到来と金融市場のひっ迫に対処するため、2009年10月に6億7,500万ドルをSenior secured notes（優先担保付手形）によって調達し、そのほとんどを負債の返済に充てた。

じつは同社は2010年のアニュアルレポートで、すでにGoing Concern（継続企業）の前提に対する疑義を記しています。継続企業の前提に関する記述は、日本でも2003年3月以降に終了する決算期から上場企業に対して義務づけられています。企業の大前提は、継続して企業活動を行っていくこと。そうでないと、Stakeholders（利害関係者）たちは安心して会社と付き合うことができません。その前提に対して疑義を生じさせる事象（営業赤字が続いている、負債が巨額である、債務超過の状態にある、など）がある場合は、その旨を決算書類で開示する義務があるのです。

> We incurred a net loss from operations in the year ended January 3, 2010 and have a <u>stockholders' deficit</u> as of January 3, 2010. In addition, the increasingly competitive industry conditions under which we operate has negatively impacted our results of operations and cash flows and may continue to in the future.

These factors raise substantial doubt about our ability to continue as a going concern.
　The senior secured notes require significant amortization and other debt service payments. We may not be able to make such payments as they become due, which would result in an event of default under the indenture governing the senior secured notes. Were this to occur, we might not have, or be able to obtain sufficient cash to pay our accelerated indebtedness.

　2009年度は赤字であることに加えて、Stockholders' deficit（債務超過）に陥ったことも記してあります。また、Senior secured notesは今後、巨額の分割償還や利息の支払いを必要とします。それらが遵守できない場合には、デフォルト（債務不履行）する可能性があることを示唆しています。
　2008年度の段階ですでに52億ドルのAccumulated deficit（繰越損失）を計上し、Equity ratio（株主資本比率）も10%を割っています。2009年度の5億5,800万ドルの赤字によって、ついに債務超過に陥りました。
　2009年度末BSを見ると、資産15億ドルに対して、負債18億ドルと、3億ドルの債務超過に陥っています。18億ドルの負債のうち、有利子負債は半分の9.6億ドルです。このようにPLもBSもCFもすべて苦しい状況に追い込まれたことから、Going Concernに関する疑義を記すに至ったのでしょう。

　Blockbusterが経営破綻に至ったのは、アメリカ人がDVDを見なくなったことが理由では決してありません。アメリカ人は映画が大好きです。要はDVDを店舗でレンタルするのではなく、オンラインや宅配型でレンタルするようになったためです。店舗でレンタルすることの楽しさももちろんありますが、その楽しさよりオンラインや宅配型の利便性が勝り、かつBlockbusterの店舗運営に伴う固定費負担から、価格面で優位性を築けなかったのです。

じつは、Blockbusterもこうした状況を静観していたわけではなく、破綻の数年前から宅配型レンタルを始めていました。現在では2,300万人のオンライン会員数（2011年現在）を誇るNetflixと、宅配型レンタルで激しい価格競争を繰り広げた時期もあったほどです。しかし、これがBlockbusterの競争力や財務体質を悪化させ、自らの寿命を縮める結果となりました。少なくとも、不採算店舗の整理を進め、体力をきちんと整えてから勝負に挑むべきだったのでしょう。

　1985年に創業し、最盛期には全米だけで4,000を超える店舗を保有し、アメリカ人のライフスタイルを形成したと言っても過言でないBlockbusterは、2010年7月に上場廃止、4,200万ドルの支払い不能に陥り、ついに2010年9月にChapter 11の適用を申請して経営破綻に至りました。

　その後2011年3月、米衛星放送大手のDish Networkにより、実質3.17億ドル（2.3億ドルの株式払込と8,700万ドルの負債引き受け）という廉価で買収されています。2011年7月現在、BlockbusterはDish Networkの傘下にて、全米1,500店舗に加え、20ヵ国2,600店舗（ともにFC店舗含む）で事業を展開しています。Dishが払い込んだ2.3億ドルを全世界の店舗数合計4,100店で割れば、1店舗当たり5.6万ドル、日本円にして450万円程度の安い買い物だったということになります。

　2011年3月期末のTSUTAYAの店舗数約1,400店舗が、Blockbusterと同じように仮に1店舗450万円の価値しか認められないとなれば、CCCの企業価値はわずか63億円となります（ここではTカードなど、他事業の価値を含まず試算しています）。

　Blockbusterの買収が完了するのはCCCのMBOが発表された直後ですが、Blockbusterの企業価値が大きく棄損している事実にもっとも驚いたのは、同じ事業を日本で運営する増田社長自身だったのかもしれません。

ケース・クロージング

Case Closing

　成熟する国内市場を横目に日本企業がとるべき1つの選択肢は、企業再編による体力増強です。その一例として、第2章で新日鉄と住金の合併を見ました。

　一方、別の選択肢として考えられるのは、Public company（公開会社）を放棄し、Private company（個人会社）になることです。これらは二者択一ではなく、Private化した後に企業再編を行うケースも十分考えられます（たとえば、非上場化したポッカがサッポロホールディングスに買収された）。Private化＝経営陣による株の買い取り、すなわちMBOというわけではないですが、日本企業の多くがMBOを選択しているのも事実です。

　では、CCCの業績はどこまで悪化していたのでしょうか。上場廃止の直前期（2011年3月期）までの5年間におよぶ連結決算の主な数値を、次ページの図表3-5に示します。

　連結売上高は2008年3月期のピーク時から3年で3割減に相当する677億円を失い、確かに不振が続いているように見えます。しかし、収益力強化の効果もあり、利益に至ってはおおむね横ばいです。自己資本比率も4割弱を保有しており、Blockbusterの債務超過とは雲泥の差で、財務体質はむしろ優良な水準です。もちろん、Blockbusterのような営業CFが赤字に陥る事態もありません。PL、BS、CFすべてにおいて、Blockbusterとは比較にならない良好水準です。

　株価は右肩下がりではありますが、日本全体の株価が低迷しているなかで、同社の株価が著しく下がったとは言えない状況です。少なくとも、いま慌ててPrivate化しなくてはならない、という状況は、決算数値からは見えません。

　増田社長のPrivate companyであるMMホールディングスはCCCを1株600円でMBOしました。MBOを発表した時点の株価は450円台で推移していたため、株主にとっては3割を超える十分なプレミアムが乗せられた価格です。一方の増田社長にとっても、2005年のピーク時（1,666円）に比べて6割以上も低い600円での株価は、お買い得な水準とも思えます。

　CCC自身は、MBOを発表した際の開示資料「MBOの実施及び当社株式等に対する公開買付けに関する意見表明のお知らせ」（2011年2月3日）で、上場

図表3-5 カルチュア・コンビニエンス・クラブの主な数値

(百万円)

決算年月	2007年3月	2008年3月	2009年3月	2010年3月	2011年3月
売上高	210,615	237,730	220,688	189,299	169,994
営業利益	14,435	15,213	15,249	12,841	14,277
経常利益	14,807	15,133	16,051	13,337	14,118
当期純利益	7,281	2,931	8,142	9,424	5,225
純資産額	39,449	38,246	42,878	47,730	50,679
総資産額	118,070	114,002	114,745	124,229	129,933
1株当たり純資産額(BPS)(円)	162.16	161.7	201.27	243.69	261.5
1株当たり当期純利益金額(EPS)(円)	38.17	15.25	42.31	48.87	27.49
自己資本比率(%)	26.3	27.3	33.8	37.8	38.2
自己資本利益率(ROE)(%)	26.3	9.4	23.3	22	10.8
株価収益率(PER)(倍)	18.16	31.21	15.95	9.31	21.61
営業活動によるキャッシュフロー	18,427	4,796	10,838	16,783	17,652
投資活動によるキャッシュフロー	△13,171	△5,978	△6,923	△28,706	△14,070
FCF	5,256	△1,182	3,915	△11,923	3,582
財務活動によるキャッシュフロー	△2,775	△2,009	△6,080	9,560	△3,579
現金及び現金同等物の期末残高	10,145	6,952	4,794	2,432	2,435
従業員数(人)[外、平均臨時雇用者数]	3,448 [3,419]	3,567 [3,719]	2,836 [3,541]	2,259 [3,324]	2,143 [2,835]
株価:最高(円)	1,666	774	950	884	605
株価:最低(円)	663	333	406	402	341

出所:CCC有価証券報告書をもとに著者作成

廃止を肯定する理由として以下の3つを挙げています。

1. 上場を維持したまま事業の再構築を実行した場合には、短期的であるにせよ、売上規模の縮小や利益水準の低下、キャッシュフローの悪化などを伴うリスクがあり、株主に対して多大なる影響を与えてしまう可能性も否定できない
2. 「世界一の企画会社」を目指している同社にとっては、IR活動のなかで経営戦略等の企業情報を提供すればするほど、新規事業に関する同社のコア戦略が競合他社に模倣されやすくなる結果、収益の機会損失につながり、ひいては株主その他加盟店及び従業員を含む各ステークホルダーの中長期的な価値を毀損する可能性も否定できない
3. 当面、エクイティ・ファイナンス活用による大規模な資金調達の必要性がなく、かつすでにブランド力・信用力等も備えた同社にとって、上場を維持するメリットが薄れてきているにもかかわらず、近年、資本市場に対する規制が急速に強化されていることに伴い、上場を維持するために必要なさまざまなコスト（会計基準の厳格化、J-SOX［金融商品取引法上の内部統制］の導入、IFRS準拠による開示項目の変更、有価証券報告書等の継続開示にかかる費用等）の増大化が見込まれ、上場を維持することが必要以上の経営負担となる可能性がある

このように、①事業の再構築を行うため株価が下落する可能性があること、②上場していると競合に模倣されやすいこと、③大規模な資金調達の必要性がないこと、の3つを理由としています。読者の皆さんは、企業が上場を廃止する妥当性として、これらの理由をどう考えるでしょうか。少なくとも、②と③はいまに始まった話ではありません。「株価が低迷しているいま、企業体力のあるうちにPrivate化して、外部からの圧力を受けない経営の仕組みにしておきたい」というのも本音としてあるのかもしれません。

その大きなきっかけになった出来事の1つが、Blockbusterの破綻なのでしょう。Blockbusterは不採算店舗の多くを抱えたまま、Netflixなどとの全面的な価格競争を行いました。結果として消耗戦に陥り、自らの首を絞める結果となったのです。そうした点では、Private化して事業の再構築を行いやすい構造をつくった増田社長は、Blockbusterと同じ轍は踏まないという洞察と覚悟がなされているとも考えられます。

　もちろん上場廃止になったからと言って、すべての外圧から解放されるわけではありません。1株600円で1億株以上を購入したので、単純計算でMMホールディングスは600億円程度を新たに借り入れたはずです。どのような金融機関からどういった条件で借り入れたかはわかりませんが、金融機関も商売です。今後もCCCがしっかりと利益を出し、返済計画を順守していかなければ、徐々に金融機関主導の経営へ移っていきます。同じくMBOでPrivate化したものの、業績が一向に回復せず、結果として創業ファミリーが追放の目に遭ったすかいらーくは、その反面教師となるでしょう。

　CCC（いわば増田社長自身）が語ったMBOの3つの理由。これらが本当に正しいということを証明する方法は、たとえPrivate化した後でも、業績を伸ばし、新たなPrivateな投資家たちを満足させていくことしかないのです。

Let's Try

　米映像機器大手Eastman Kodakは2012年1月19日、Chapter11の適用を申請しました。銀塩フィルム時代には世界で隆盛を誇った企業ですが、カメラのデジタル化への流れに乗ることができず、破綻したものです。検索サイトから「Kodak investor relations」と検索して、同社の決算書を入手してみましょう。そして、Blockbuster同様の現象（営業CFの低迷からFCFがトントン、急場をしのぐための徹底した投資の削減、財務CFでの有利子負債返済によるキャッシュ流出の継続など）が見られるかを分析してみてください。

ブレイクタイム……4
Tips on Accounting in English

これだけは覚えておきたい会計用語（BSの左側編）

Debit……借方
日本語でも借方（左）と貸方（右）は混乱するところ。Debitカードは買い物代金がそのまま銀行口座から引き落とされるカード。銀行は事前に私たちからお金を借りている立場だから、借方がdebit。

Current assets……流動資産
Currentには「現在の」という意味があります。企業は1年単位で活動するから、Current＝流動的＝1年以内。

Cash and cash equivalents……現金及び現金同等物
equivalentはequal（等しい）から転じた言葉。

Marketable securities / Short-term financial assets……有価証券
Market（市場）とable（できる）がくっついて、市場性のあるsecurities（証券）、つまり有価証券。

Accounts receivable / Trade (accounts) receivable……売掛金
Receivable（受け取ることになっている）Accounts（アカウント）、つまり売掛金。

Notes receivable……受取手形
Receivable（受け取ることになっている）Notes（手形）、つまり受取手形。

Inventories……棚卸資産
発明するという意味のInventにory（〜の性質がある）がつくから、企業が生み出したものでInventory（棚卸資産）。

Work-in-process……仕掛品
Process（プロセス）中にあるWork（作業）、すなわち仕掛品。その他にもWork-in-progress、Product-in-processなどいろいろな言い方があります。

Partially finished product……半製品
製造途中にある製品で、仕掛品と違ってその状態でも販売できるもの。まさに、Partially（部分的には）finished product（製品）です。その他にもHalf-finished-goodなどいろいろな言い方があります。

Finished product (Manufactured product) ……製品
　製造がfinishしたproduct、つまり製品です。
Supplies……貯蔵品
　サプライはカタカナ英語で問題なし。
Merchandise product……商品
　Merchandiseだけでも「商品」という名詞になります。
Prepaid expense……前払費用
　日本語の前払費用そのままで、Prepaid（事前に支払われた）expense（費用）。たとえば5月分の家賃を4月中に支払うようなイメージです。
Allowance for doubtful accounts (bad debts) ……貸倒引当金
　貸し倒れる可能性のある債権を英語ではDoubtful account（疑わしい勘定）と表現します。そのためのallowance（引当金）です。
Fixed asset (Non-current asset) ……固定資産
　Current＝流動的＝1年以内に対して、Fixed＝固定的＝1年超です。Non-currentも1年以内でない、つまり1年超ということなので同じ意味になります。
Property, plant and equipment (PP&E) / Tangible fixed asset
　　　　　　　　　　　　　　　　　　　　　　　……有形固定資産
　PP&Eと略して書くのが一般的です。Tangibleは「触ることのできる」という意味。日本語は「有形」と視覚に訴えますが、英語では触覚に訴えるのです。
Building……建物
　ビルディングはカタカナ英語で問題なし。
Land……土地
　ランドもカタカナ英語で問題なし。
Machinery……機械装置
　Machine（機械）の集合体がMachinery（機械装置）です。
Accumulated depreciation……減価償却累計額
　Cumulateには「積み重ねる」という意味があります。
Construction in progress……建設仮勘定
　日本語では意味がとりにくい「建設仮勘定」も、英語ではConstruction in progress（進行中の建設）と、そのままです。
Intangible fixed asset……無形固定資産
　Intangibleは「触ることのできない」という意味。日本語の「無形」は視覚に訴えますが、英語では触覚に訴えるのです。

Goodwill……のれん
　英語でGoodwillはビジネス上の「信用」を意味します。まさに日本語の「のれん」に匹敵するもの。
Patent right……特許権
　パテントはカタカナ英語で問題なし。
Trademark right……商標権
　トレードマークもカタカナ英語で問題なし。
Investments in associates……関連会社投資
　関連会社はAssociates、またはAffiliated companyとも呼ばれます。
Long-term financial asset……投資有価証券
　ロングターム・ファイナンシャル・アセットはカタカナ英語で問題なし。
Deferred tax asset……繰延税金資産
　Deferred（繰り延べられた）tax（税金）asset（資産）と、日本語と同じ語順です。税金の前払いに相当し、将来の税金を減算するものです。

第4章 Apple
驚異の成長スピードを「成長率計算」で測定する

ケース・オープニング

Case Opening

　第3章で取り上げたBlockbusterは、Five Forces（5つの力）のなかでも「代替製品による脅威」が顕在化して経営破綻に至りました。同社のシェアが店舗型DVDレンタル市場で減少したのではなく、店舗型DVDレンタル事業そのものが、レンタルソフト市場、さらにはエンタテインメント市場でシェアを急速に落としたことが破綻の要因です。

　では、**その裏側で誰がシェアを上げたのでしょう？**　それは、オンラインのレンタルソフト事業者であり、オンラインゲームなどのインターネットを活用したエンタテインメント事業者たちです。そして、そうしたサービスが容易に提供できるようになったのは、大容量通信の低価格化や、タブロイド型端末の普及があったからです。こうしたスマートフォンやタブロイド型端末の市場を創り上げたのは、AppleやGoogleといった米国発の企業です。

　Appleの台頭によって顧客を一気に失ったのは、店舗型DVDレンタル業界だけではありません。Appleは一般消費者向けに商品やサービスを提供する企業です。私たち消費者の財布のパイは限られています。AppleやAppleのインフラ上で展開されるさまざまなサービスに打ち勝つような魅力ある商品やサービスを提供できなかった企業は、売上や利益がじり貧になっているはずです。そうした意味では、どんな業種にあっても、Appleの動向をしっかりつかんでおくことは大切でしょう。

　Appleの急成長は誰もが認めるところですが、いったいどの程度の成長スピードなのでしょうか？　10％？ 30％？ 50％？ それとも100％超？　この章では**% Change Calculation（成長率計算）**と呼ばれるツールを使って、Appleの成長を考えていきます。

　Appleの決算書で、売上以上に伸びている勘定科目は何でしょうか？　反対に、売上に比べて伸び率が鈍い勘定科目があるとすれば、それは何でしょう？　会計上のさまざまな勘定科目の変化のスピードを読むことで、同社の事業モデルをひもといていきます。

同時に、決算書類で必ず開示される**Risk Factors（リスク条項）**にも、目を通していきます。**Risk Factorsは、自社が直面しうる課題について、企業自らが公式に語っている場所です。**「その企業の今後の課題は何か？」を考えておくことは、いかなる目的の企業分析においても大切な視点となります。このことから、Risk Factorsに目を通すことのない分析は考えられないのです。

STEP 1
「成長率計算」で成長スピードを測る
Measure Growth with % Change Calculation

　Apple does not produce a glossy annual report.（Appleはきらびやかなアニュアルレポートは作成していません。）
　これは、Appleのホームページ上の投資家向け情報サイト（Investor relations）にある1文です。このように、鮮やかな写真で彩られたアニュアルレポートを大部分の企業は発行していますが、じつは作成義務はありません。一方、米国証券取引委員会（SEC）が要求する報告書類には、提出義務があります。図表4-1に簡単にまとめておきましょう。
　以降のAppleの決算データは、2011年10月26日にSECに提出された10-Kから入手したものです。
　図表4-2は、2006年9月期から2011年9月期までのAppleの主な決算数値の推移をまとめたものです。
　この資料を渡されて、「さあ分析してください」と言われても、どこから手を着けてよいか迷ってしまいませんか？

図表4-1　米国証券取引委員会が求める報告書類

報告書	内容
年次報告書（様式10-K）	年度決算期（Appleは9月決算）に提出義務のある報告書
四半期報告書（様式10-Q）	第1（Appleは12月）、第2（同3月）、第3（同6月）四半期に提出義務のある報告書
臨時報告書（様式8-K）	重大な事象が発生した場合に提出義務のある報告書。Steve Jobs氏死去の際も発行している。
外国企業の年次報告書（様式20-F）	外国企業に提出義務のある報告書（米国証券取引所に上場しているArcelorMittalや日本企業なども提出している）

図表4-2　Appleの主な決算数値の推移

(各年9月期)

	in millions of US $ except for EPS (百万ドル、EPSを除く)	2006	2007	2008	2009	2010	2011
PL	Net sales 売上高	19,315	24,578	37,491	42,905	65,225	108,249
	Gross income 売上総利益	5,598	8,152	13,197	17,222	25,684	43,818
	Operating income 営業利益	2,453	4,407	8,327	11,740	18,385	33,790
	Net income 純利益	1,989	3,495	6,119	8,235	14,013	25,922
	EPS - Basic 1株当たり純利益（基本）	2.36	4.04	6.94	9.22	15.41	28.05
	EPS - Diluted 1株当たり純利益（希薄化後）	2.27	3.93	6.78	9.08	15.15	27.68
	# of shares - Basic (in thousands) 発行株式数（千株）	844,058	864,595	881,592	893,016	909,461	924,258
	# of shares - Diluted (in thousands) 発行株式数（希薄化後）（千株）	877,526	889,292	902,139	907,005	924,712	936,645
BS	Cash, cash equivalents and marketable securities (Short-term, Long-term) 現金、現金同等物、有価証券（短期、長期）	10,110	15,386	24,490	33,992	51,011	81,570
	Accounts receivable, net 売掛金	1,252	1,637	2,422	3,361	5,510	5,369
	Inventories 棚卸資産	270	346	509	455	1,051	776
	Property, plant and equipment, net 有形固定資産	1,281	1,832	2,455	2,954	4,768	7,777
	Total assets 総資産計	17,205	24,878	36,171	47,501	75,183	116,371
	Accounts payable 買掛金	3,390	4,970	5,520	5,601	12,015	14,632
	Total liabilities 負債計	7,221	10,347	13,874	15,861	27,392	39,756
	Common stock, no par value; 資本金	4,355	5,368	7,177	8,210	10,668	13,331
	Retained earnings 利益剰余金	5,607	9,101	15,129	23,353	37,169	62,841
	Total shareholders' equity 株主資本合計	9,984	14,531	22,297	31,640	47,791	76,615
CF	Cash generated by operating activities 営業活動によるキャッシュフロー	2,220	5,470	9,596	10,159	18,595	37,529
	Cash used in investing activities 投資活動によるキャッシュフロー	357	(3,249)	(8,189)	(17,434)	(13,854)	(40,419)
	FCF フリー・キャッシュフロー	2,577	2,221	1,407	(7,275)	4,741	(2,890)
	Cash generated by financing activities 財務活動によるキャッシュフロー	324	739	1,116	663	1,257	1,444

出所：Apple 10-Kをもとに著者作成

もちろん、第2章で学んだ主な会計指標を計算してみるのはよいスタートです。とは言え、**ここで会計指標の弱点を挙げるとすれば、それは企業を動態的ではなく、静態的にとらえていることです**。つまり、ある企業の決算期末の状態や1年間の成果を測るのには適しているのですが、複数年にわたる変化を直感的にとらえるのは不向きなのです。

　Appleと言えば、過去5年ほどで飛躍的な成長を遂げた企業であることは、誰の記憶にも明らかです。このように目覚ましく急成長する企業は、その活動を動態的にとらえるほうが意味のある分析につながるケースが多いものです。そこで、ここでは％ Change Calculation（成長率計算）という新しいツールを使って、Appleを動態的アプローチで分析してみましょう。

Appleの5年間の成長率を描く

　％ Change Calculation（成長率計算）とは、**ある年度を基準にして、その後の決算書上の数値がどのように推移したかを一覧するものです**。その際、基準とする年度を100として平準化して表します。

　AppleのスマートフォンiPhoneが初めて発売された前年度に当たる2006年9月期を100として、その後5年度の％ Change Calculationを図表4-3に描いてみましょう。

　どうでしょう？　先ほどのデコボコの激しい決算数値より、視界がだいぶクリアになってきませんか。

　まず、Net sales（売上高）は、2006年9月期を100とすると、2011年は560まで成長していることがわかります。「$(560 \div 100)^{(1/5)} - 1$」によって、5年間の年平均成長率は41％と計算できます。

　今度は2011年の数値のうち、PLとBSに関するものを上から下までざっと目を通してみてください。Net salesの560より大きな数値がたくさんあります。それらの勘定は、売上以上のスピードでこの5年間累計で成長したことを意味

図表4-3　Appleの主な決算数値の「成長率計算」

(各年9月期)

		2006	2007	2008	2009	2010	2011	年平均成長率
PL	Net sales 売上高	100	127	194	222	338	560	41.2%
	Gross income 売上総利益	100	146	236	308	459	783	50.9%
	Operating income 営業利益	100	180	339	479	749	1,377	69.0%
	Net income 純利益	100	176	308	414	705	1,303	67.1%
	EPS - Basic 1株当たり純利益（基本）	100	171	294	391	653	1,189	64.1%
	EPS - Diluted 1株当たり純利益（希薄化後）	100	173	299	400	667	1,219	64.9%
	# of shares - Basic 発行株式数	100	102	104	106	108	110	1.8%
	# of shares - Diluted 発行株式数（希薄化後）	100	101	103	103	105	107	1.3%
BS	Cash, cash equivalents and marketable securities (Short-term, Long-term) 現金、現金同等物、有価証券（短期、長期）	100	152	242	336	505	807	51.8%
	Accounts receivable, net 売掛金	100	131	193	268	440	429	33.8%
	Inventories 棚卸資産	100	128	189	169	389	287	23.5%
	Property, plant and equipment, net 有形固定資産	100	143	192	231	372	607	43.4%
	Total assets 総資産計	100	145	210	276	437	676	46.6%
	Accounts payable 買掛金	100	147	163	165	354	432	34.0%
	Total liabilities 負債計	100	143	192	220	379	551	40.7%
	Common stock, no par value; 資本金	100	123	165	189	245	306	25.1%
	Retained earnings 利益剰余金	100	162	270	416	663	1,121	62.1%
	Total shareholders' equity 株主資本合計	100	146	223	317	479	767	50.3%
CF	Cash generated by operating activities 営業活動によるキャッシュフロー	100	246	432	458	838	1,690	76.0%
	Cash used in investing activities 投資活動によるキャッシュフロー	n/a	100	252	537	426	1,244	
	Cash generated by financing activities 財務活動によるキャッシュフロー	100	228	344	205	388	446	34.8%

出所：Apple 10-Kをもとに著者作成

図表4-4　Appleの「成長率計算」のグラフ化

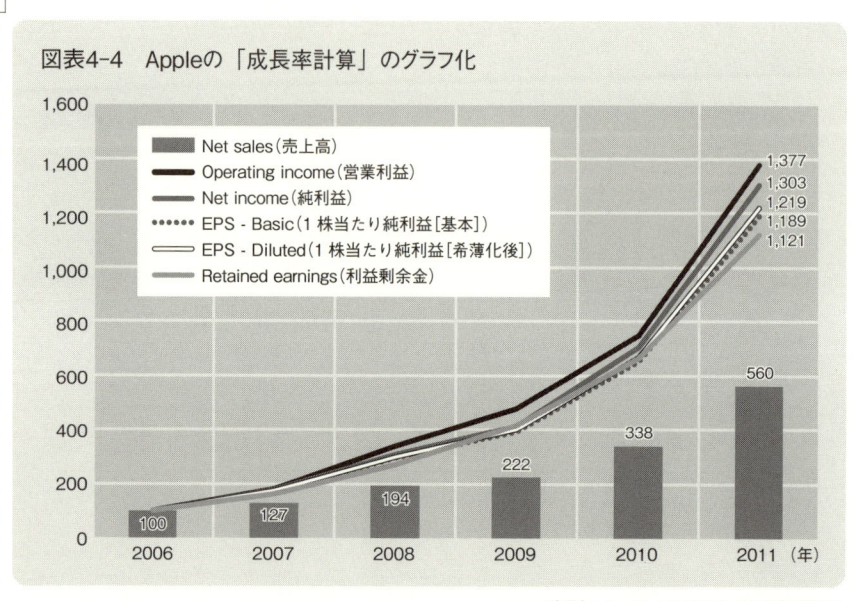

出所：Apple 10-Kをもとに著者作成

します。反対に、Net salesの560より小さい数値の勘定は、過去5年間、売上ほどには成長しなかったことを意味しています。

　PLとBSの勘定で2011年の値が1,000台にのるとくに大きな数値は、Operating income（営業利益）1,377、Net income（純利益）1,303、EPS（Basic）（1株当たり純利益・基本）1,189、EPS（Diluted）（1株当たり純利益・希薄化後）1,219、Retained earnings（利益剰余金）1,121の5つです。これら5つはすべて「利益」に関するものです。つまり、**Appleが売上以上に利益を急速に成長させていったことが判明します。**

　図表4-4は、売上とこれら5つの「利益」の推移をグラフ化したものです。これらの数値だけを相互に比べてみることで、どんな仮説や疑問が浮かんでくるでしょうか。たとえば、こんな感じです。

疑問1　Operating income 1,377やNet income 1,303は、Net sales 560のざっと2.4倍の値。つまり、Appleの利益率は2006年に比べて約2.4倍に達していることになります（実際に計算してみると、Operating margin［売上高営業利益率］は、2006年の12.7％に対して、2011年は31.2％）。爆発的なヒット製品を連発すれば、値崩れすることはない一方、規模の経済によるコストメリットは進むはずです。**Appleは決算書上では、どのようにして、この「売上成長の2.4倍の利益成長」を実現したのでしょうか？**

疑問2　EPS（Basic）は1,189なので、Net income 1,303に比べると見劣りします。このことから、5年の間に相応の新株を発行していることがわかります。業績絶好調のAppleが、なぜ新株を発行する必要があるのでしょう？　**故Steve Jobs氏は、株主を軽視した借金嫌いな経営者だったのでしょうか？**

疑問3　「EPS（Basic）1,189 < EPS（Diluted）1,219」の関係からは、何が言えるでしょう。Diluted（希薄化後）とは、ストックオプションなど潜在的な株式数もすべて含めたものです。そうした株が仮にすべて顕在化した場合の総株数をもとにして、EPSを計算したのがEPS（Diluted）です。EPS（Diluted）のほうが分母の株数が多い分だけ、EPS（Basic）より絶対値の値は必ず小さくなります（図表4-2で、2011年9月期はそれぞれ27.68と28.05）。にもかかわらず、ここは少しわかりにくいところですが、EPS（Diluted）のほうが5年間の累計で成長していることから、ストックオプションを発行する以上に、ストックオプションの行使が進んだことがわかります。先の「Net income 1,303 > EPS（Basic）1,189」からも、行使による普通株式への転換が相応に進んでいることが確認できます。Appleが新株を発行しているように見えたのは、じつはストックオプションが行使されていることが背景です。株式持分比率がどんどん下がってしまう一般株主は、ストックオプションの行使とは言え、新株発行を

くり返すAppleに対して、果たしてハッピーな思いを抱いているのでしょうか？ **5年前に比べて、Appleの株式はどの程度希薄化したのでしょう？**

疑問4　Retained earnings（利益剰余金）も1,121と高い水準を示しています。この事実から、Appleは毎年の利益を、ほぼそのまま内部留保してきたことが想定できます。配当や自社株買いなどの株主還元は行われていないとすると、株主から文句が飛んできそうですが、実際はどうなのでしょう。ではその見返りとして、**株価は5年間でどのくらい上がっていったのでしょう？**

四半期売上と新製品発売のタイミングを見る

　これらの疑問を読み解く前に、Appleの主要製品の発売の歴史をまとめておきましょう。AppleはM&Aによって成長したのではなく、自社開発製品の爆発的な売れ行きを継続することによって急成長をとげた企業です。どの製品がどのタイミングで発売されたかをしっかり押さえておくことは、Appleの場合、分析前の欠かせない作業です（いずれも本国での発売時期）。

- **iPod**
  - iPod Classic（2001年10月）
  - iPod Shuffle（2005年1月）
  - iPod Nano（2005年9月）
  - iPod Touch（2007年9月）
- **iPhone**
  - Original（2007年6月）
  - iPhone 3G（2008年7月）
  - iPhone 3GS（2009年6月）
  - iPhone 4（2010年6月）
  - iPhone 4S（2011年10月）

図表4-5 Appleの四半期別売上高と新製品発売のタイミング

in millions of US$（百万ドル）

グラフデータ：
- 2006 Q1: 5,749、Q2: 4,359、Q3: 4,370、Q4: 4,837
- 2007 Q1: 7,115（iPhone）、Q2: 5,264、Q3: 5,410（iPod Touch）、Q4: 6,217
- 2008 Q1: 9,608、Q2: 7,512、Q3: 7,464（iPhone 3G）、Q4: 7,895
- 2009 Q1: 10,167、Q2: 8,163、Q3: 8,337（iPhone 3GS）、Q4: 9,870
- 2010 Q1: 15,683、Q2: 13,499、Q3: 15,700（iPhone 4 iPad）、Q4: 20,343
- 2011 Q1: 26,741、Q2: 24,667（iPad 2）、Q3: 28,571、Q4: 28,270

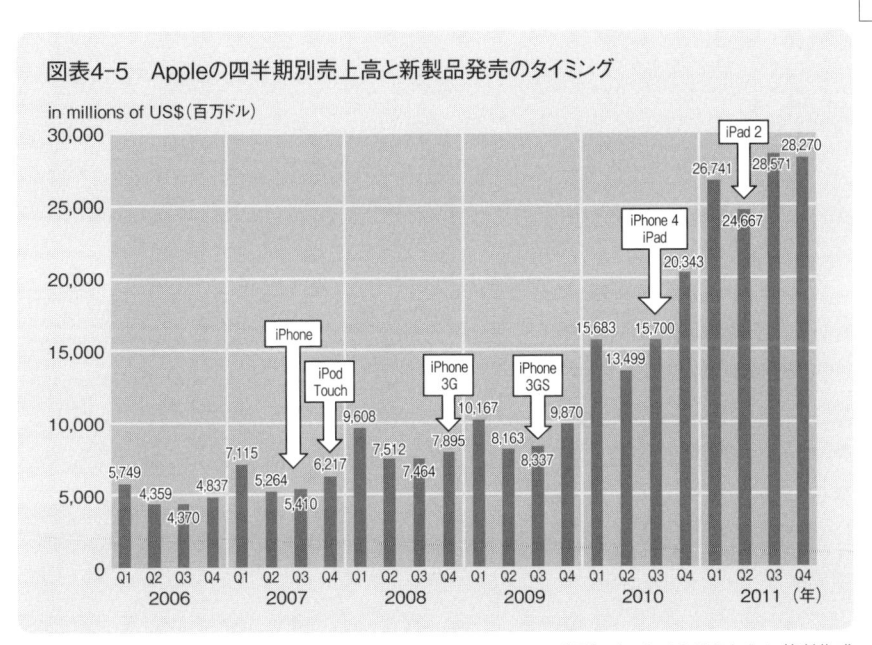

出所：Apple 10-Kをもとに著者作成

- **iPad**　　　　First Generation（2010年4月）
　　　　　　　　　iPad 2（2011年3月）

　四半期ごとの売上の推移と、新製品発売のタイミングをグラフに表してみましょう（図表4-5）。

　Appleはクリスマス商戦が本格化する直前の9月に決算期を置いています。そこで**第1四半期（10～12月）の売上が、直前の四半期に対して大きく膨らむ傾向が見られます。そのクリスマス商戦に合わせるように、大型製品のほとんどは第3四半期（4～6月）か第4四半期（7～9月）に発売されていることも影響しています。**iPad 2のみが第2四半期に発売されているのは、この製品の発表会がSteve Jobs氏の最後の公の場となったことと、偶然ではないのかも

しれません。

　図表4-6は、2011年9月期の、国・地域ごとの売上高と、製品ごとの売上高を表したものです。好調な業績の続くAppleは、2011年9月期、ついに売上高1,000億ドルを超えました。地域別では、アメリカ、ヨーロッパ、アジア太平洋と、世界全域にわたって売上が見事に分散されています。日本も1国で全社売上の5％を占める重要な市場です。

　全社売上の43％はiPhoneとその周辺からの収益（携帯通信会社との契約、サービス、Appleブランド及び第3者のiPhoneアクセサリ販売）が占めています。前2010年9月期の途中で発売されたiPadの311％成長を除けば、iPhoneは前年度比でもっとも売上を伸ばした製品カテゴリーです（87％成長）。**反対にiPhoneとの境界がなくなりつつあるiPodの売上は、前年度比で唯一売上高が減少しています（10％減）。**

　創業以来30年間はApple Computer Inc.という名前だった同社が、ComputerをはずしてApple Inc.になったのは2007年1月（2007年第2四半期）からです。

　先ほどの製品リリースの歴史に照らすと、2001年に発売されたiPodが市場に十分浸透し、2007年6月にiPhoneが初めて発売される直前のタイミングだったことがわかります。Appleブランドが、コンピュータ企業から、いわば総合通信機器のプロバイダに転身をとげた瞬間でした。

高い利益成長の要因を掘り下げる

　では、上に挙げた4つの疑問や仮説について、実際の決算書も見ながら、もう少し掘り下げていくことにしましょう。

[疑問1] Appleは「売上成長の2.4倍の利益成長」をどう実現したか？
　iPhoneの一部の売上計上のタイミングを変更した2009年にGross margin（売上総利益）が一気に5％上昇したのを除くと、Gross marginは40％前後で

図表4-6 Appleの国・地域別、製品別の売上高

in millions of US $（百万ドル）	2011	構成比	前年度比
Net sales by Operating Segment: 事業セグメントの売上高			
Americas net sales アメリカ	38,315	35%	56%
Europe net sales ヨーロッパ	27,778	26%	49%
Japan net sales 日本	5,437	5%	37%
Asia-Pacific net sales アジア太平洋	22,592	21%	174%
Retail net sales 小売	14,127	13%	44%
Total net sales 売上高合計	108,249	100%	66%
Net sales by Product 製品別の売上高			
Desktops デスクトップ	6,439	6%	4%
Portables ポータブル	15,344	14%	36%
Total Mac net sales Mac売上高合計	21,783	20%	25%
iPod iPod	7,453	7%	-10%
Other music related products and services その他音楽関連製品・サービス	6,314	6%	28%
iPhone and related products and services iPhone及び関連製品・サービス	47,057	43%	87%
iPad and related products and services iPad及び関連製品・サービス	20,358	19%	311%
Peripherals and other hardware 周辺機器とその他ハードウェア	2,330	2%	28%
Software, service and other sales ソフトウェア、サービス、その他売上	2,954	3%	15%
Total net sales 売上高合計	108,249	100%	66%

出所：Apple 10-K

安定しています。これに対して、Operating expenses（営業費用）の売上に対する比率は、12.8％⇒11.2％⇒9.3％と一気に下降してきています。図表4-7に、2011年9月期に至る4ヵ年のAppleのPLを示しましょう。

　Operating expenses（営業費用）に関するAppleのアニュアルレポートの記述がわかりやすいので、そのまま転記してみます。

　R&D expense increased 36% during 2011 compared to 2010, it declined slightly as a percentage of net sales, due to the 66% year-over-year growth in the Company's net sales during 2011.
　2011年9月期のR&D（研究開発費）は、前年比36％増だが、売上が66％成長したため、売上比ではわずかに減少した。

　SG&A expense increased $2.1 billion or 38% to $7.6 billion during 2011 compared to 2010. This increase was due primarily to the Company's continued expansion of its Retail segment, increased headcount and related costs, higher spending on professional services and marketing and advertising programs, and increased variable costs associated with the overall growth of the Company's net sales.
　2011年9月期のSG&A（販売費及び一般管理費）は、前年比38％、21億ドル増の76億ドル。主な要因は、リテール部門の継続的な拡大、従業員数の増加、プロフェッショナルサービスやマーケティングと広告プログラムへの多額の投資、売上成長に伴うさまざまな変動費用の増加など。

　企業成長に伴ってOperating expenses（営業費用、R&Dを含む）は増えていますが、それ以上に売上が増加しているので、対売上比率ではむしろ減少しているというのが2011年9月期です。この状態がじつは過去5年継続して起きたことが、「売上成長の2.4倍の利益成長」の背景にあります。

図表4-7　Appleの連結損益計算書

in millions of US $ （百万ドル）

Four years ended September 24, 2011	2008		2009		2010		2011	
Net sales 売上高	37,491	100	42,905	100	65,225	100	108,249	100
Cost of sales 売上原価	24,294	64.8	25,683	59.9	39,541	60.6	64,431	59.5
Gross margin 売上総利益	13,197	35.2	17,222	40.1	25,684	39.4	43,818	40.5
Research and development 研究開発費	1,109	3	1,333	3.1	1,782	2.7	2,429	2.2
Selling, general and administrative 販売費及び一般管理費	3,761	10	4,149	9.7	5,517	8.5	7,599	7
Total operating expenses 営業費用合計	4,870	13	5,482	12.8	7,299	11.2	10,028	9.3
Operating income 営業利益	8,327	22.2	11,740	27.4	18,385	28.2	33,790	31.2
Other income and expense その他収支	620	1.7	326	0.8	155	0.2	415	0.4
Income before provision for income taxes 税引前当期利益	8,947	23.9	12,066	28.1	18,540	28.4	34,205	31.6
Provision for income taxes 法人税	2,828	7.5	3,831	8.9	4,527	6.9	8,283	7.7
Net income 当期純利益	6,119	16.3	8,235	19.2	14,013	21.5	25,922	23.9
Earnings per common share: 1株当たり純利益								
Basic （基本）	6.94		9.22		15.41		28.05	
Diluted （希薄化後）	6.78		9.08		15.15		27.68	
Shares used in computing earnings per share: 発行株式数								
Basic （基本）	881,592		893,016		909,461		924,258	
Diluted （希薄化後）	902,139		907,005		924,712		936,645	

出所：Apple 10-K

一般消費者向けの製品を販売している企業にもかかわらず、SG&Aが売上比わずか7%しかないのは、それだけ同社の製品力が優れていることを実証するものです。R&Dも売上比2.2%のわずか24億ドルです。後に見る部品や組立の外注化の徹底を裏づけるものです。

[疑問2] 故Steve Jobs氏は、株主を軽視した借金嫌いな経営者か？
　無借金経営を美徳とするような表現は、少なくともAppleの10-K（年次報告書）には見られません。また、10-Kにある次の1文によって、ここ最近は無借金経営が続いていることが確認できます。

　The Company did not have any long-term debt during the five years ended September 24, 2011.
　2011年9月期までの5年度において、長期有利子負債は一切保有していない。

[疑問3] 5年前に比べて、Appleの株式はどの程度希薄化したのか？
　2011年9月期の# of shares（Basic）は110なので、5年前に比べて、100人の株主が110人になったことを意味しています。# of shares（Diluted）は107なので、先に見たように、ストックオプションは発行以上に行使が進んでいることが推定できます。
　日本で一般に見られる現象は「業績好調 ⇒ 増配や自社株買いなどの株主還元強化 ⇒ 自社株を消却して発行株数は減少 ⇒ 株価のさらなる押し上げを期待する」というものです。しかし、Appleはここまで見たように「業績絶好調 ⇒ 増配や自社株買いは行わず手元に現預金を滞留 ⇒ ストックオプションを従業員に付与し、その行使によって発行株数は増加」と、まったく反対のルートをたどっているように見えます。では、肝心の株価はどう反応しているのでしょう？

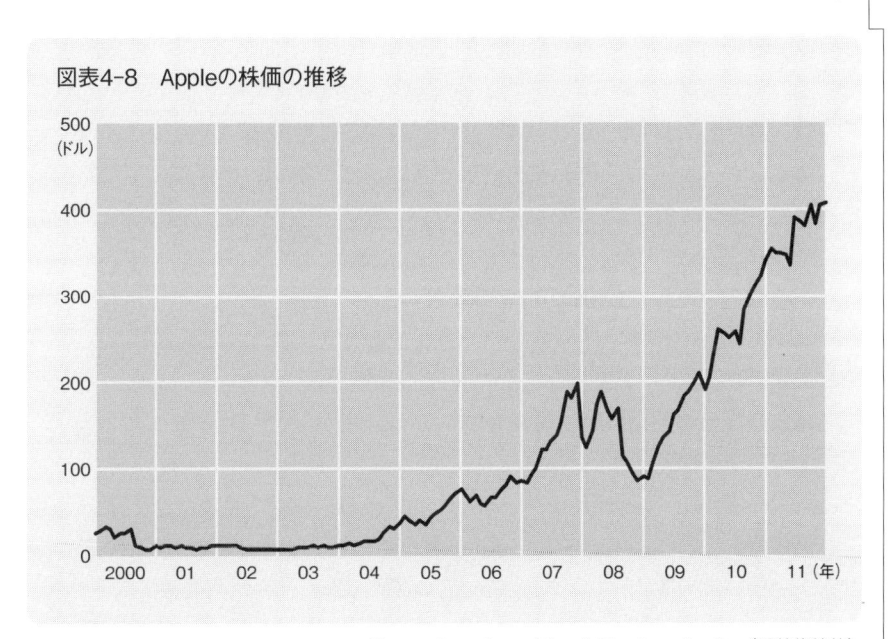

図表4-8　Appleの株価の推移

500
(ドル)
400
300
200
100
0
2000　01　02　03　04　05　06　07　08　09　10　11(年)

Close price adjusted for dividends and splits（調整後終値）

［疑問4］株価は5年間でどのくらい上がっていったのか？

　じつは、これだけ儲かっているAppleですが、配当は1セントも払っていません。今後も当面は配当は支払わずにすべて内部留保すること（The Company anticipates that for the foreseeable future it will retain any earnings for use in the operation of its business.）を、10-Kで謳っています。

　図表4-8は、Appleの2000年頃からの株価の推移を表したものです。2000年に入ってすぐに起きた、インターネットバブルの崩壊とニューヨーク市のテロ事件によって、Appleの株価も下がり、その後の5年間は10ドル近辺で低迷していました。ちょうど私たちが決算書を見ている2006年9月期（2005年10月開始）から株価の上昇が始まり、その後2011年末の400ドル近辺まで一気に上昇していることがわかります。

2000年前半の株価が10ドル前後で低迷していた時期にAppleの株を購入した人は、ざっと40倍です。5年間で株保有比率が10％希薄化したことを嘆く株主は、おそらくいないでしょう。配当がないことや余剰キャッシュを保有していることについても、言わずもがなです。株価で株主に十分応えている限り、株主はとてもハッピーなのです。

BS、CFに表れた成長要因をつかむ

　ここまでに取り上げなかったその他のBS項目とCF項目についても、概観しておきましょう（153ページ図表4-3）。

①Cash, cash equivalents and marketable securities（現金及び現金同等物、有価証券）
　　　　→→→5年間累計では、Net salesの成長560より高い成長807

「売上と利益が急速に伸びている企業＝キャッシュリッチ企業」とは、必ずしもなりません。成長企業であれば、在庫や固定資産への先行投資もかさむため、手元キャッシュは意外と少ない場合もあります。でもAppleは売上以上のキャッシュ成長です。そこで、以降のBS勘定の1つ1つが、どのようにしてAppleのキャッシュリッチに結びつくかを探ることを念頭に置きながら、見ていきましょう。

②Accounts receivable（売掛金）
　　　　→→→5年間累計では、Net salesの成長560より低い429。2009年の268から2010年は440へ急増した後、2011年は429へ微減

　5年間累計で売掛金が売上ほど伸びていないことから、回収条件の継続的な改善がわかります。2009年から2011年までは一見すると不思議な動きです。2011年は売上が前年度比66％成長しているのに、売掛金が減ることは考えに

くいものです。

　そこで、2011年が異常なのではなく、2010年の売掛金の急増（268⇒440）が異常だったのではと考え、2010年に何があったのかを先の図表4-5で確認します。すると、2010年の第3四半期にiPhone 4とiPadの2つの大型製品が発売されたことがわかります。これを受けて、第4四半期はクリスマス商戦前の7〜9月だというのに、第3四半期に比べて売上が急増しています。その結果、2010年9月期の売掛金が激増したのです。2011年はそうした大型製品の発売が決算期間近になかったので、第4四半期の売上は第3四半期より少ないくらいです。

　分析の際に気をつけたいのは、PL情報はFlow（フロー）、すなわち1年間の合算数値を見ているのに対して、BS情報はStock（ストック）、つまり年度末の瞬間の残高を見ていることです。したがって、たまたま年度末に売上が急増すると、必要以上に売掛金などBSの数値が膨らんで見えてしまうのです。

　2010年に売掛金が売上より急速に成長して見えるのは、Appleの回収条件が遅くなったためではありません。それだけAppleが四半期、さらに言えば月単位、週単位で劇的な変貌をとげていったことを物語るものです。

③Inventories（棚卸資産）

> →→→5年間累計では、Net salesの成長560より低い287。2009年の169から2010年は389へ急増した後、2011年は287へ減少

　5年間累計で売上成長のほぼ半分ほどしか在庫が増えていないことは、Appleが自ら製造を行わないことを改めて裏づけるものです。売掛金と同じく、2010年第3四半期の大型2製品の発売が、2010年は売上以上の在庫成長、2011年は売上66%成長であるにもかかわらず在庫急減という、特異な現象をもたらしています。

④Property, plant and equipment（有形固定資産）
→→→ほぼ一貫してNet salesを上回る成長で、2011年は607

　Appleが工場を持たない企業（a fabless company）であることをご存じの読者は、違和感を覚えるかもしれません。工場がないということは、有形固定資産への投資が必要ないということです。そこで10-Kからその中身を確認すると、図表4-9のように記されています。

　減価償却前の取得金額ベースでもっとも大きく、かつ前年度からもっとも増えているのはMachinery, equipment and internal-use software（機械、器具及び内部使用のソフトウェア）です。一部生産に関連する投資（Product tooling and manufacturing process equipment）が行われたようですが、明細は開示されていません。製造委託先企業のためにAppleの負担で行われる設備投資の一部も、ここに計上されている可能性があります。それでも生産に不可欠な機械やソフトウェアの過去の取得額合計69億ドル（減価償却前の数値！）は、売上のわずか6％程度です。同社が工場を保有しないことを十分に裏づける小

図表4-9　Appleの有形固定資産の内訳

in millions of US＄（百万ドル）	2011	2010	成長率
Land and buildings 土地と建物	2,059	1,471	40%
Machinery, equipment and internal-use software 機械、器具及び内部使用のソフトウェア	6,926	3,589	93%
Office furniture and equipment オフィス用什器、器具	184	144	28%
Leasehold improvements 賃貸借物件の改良費	2,599	2,030	28%
Gross property, plant and equipment 有形固定資産取得額合計	11,768	7,234	63%
Accumulated depreciation and amortization 減価償却累計額	(3,991)	(2,466)	62%
Net property, plant and equipment 有形固定資産（純額）	7,777	4,768	63%

出所：Apple 10-Kをもとに著者作成

さな値です。
　次に大きな金額を占めるLeasehold improvements（賃貸借物件の改良費）は、Apple Storeを中心とする直営店舗の改良に伴う資産計上です。Apple Storeそのものが Appleブランド確立のための重要な役割を担っていて、相応の投資を行っていることになります。

⑤Accounts payable（買掛金）
　　　→→→5年間累計では、Net salesの成長560より低い432。2009年の165から2010年は354へ急増した後、2011年も432へ増加
　2010年の急増は、Accounts receivable（売掛金）、Inventories（棚卸資産）と同じ理由です。であれば2011年はそれらの勘定科目と同じように微減してもよいはずですが、Accounts payableだけは継続して増加しています。Inventoriesが減っているのに、Accounts payableは増えている。論理的に考えれば、Appleの支払条件が長期化していることがうかがわれます。同時に、以降の販売の拡張を見越した、部品や製造委託の拡大もその背景にあるのでしょう。

⑥Common stock（資本金）
　　　→→→Net salesを下回る成長で、2011年は306
　ストックオプションの行使によって発行株数は増えているものの、売上や利益成長に比べれば増加率は低い（年平均25.1%）です。

⑦Cash generated by operating activities（営業活動によるキャッシュフロー）
　　　→→→いかなる利益の成長率をも上回り、2011年に1,690に到達
　Operating income（営業利益）やNet income（純利益）を上回るスピードで営業CFが成長しているという事実は、稼いだ利益がきちんとCFに結びついていることを意味します。ここまで見たAccounts receivable、Inventories、

Accounts payableといった運転資金(Working capital)の動きとも整合する事象です。

⑧Cash used in investing activities(投資活動によるキャッシュフロー)
　　　→→→2006年の符号が他年度と異なるので、2007年を100とすると、年度間でデコボコはあるものの、2011年は1,244まで成長

　投資CFが営業CFほどの成長を見せていない事実は、Appleの投資活動が売上成長と同じ速度では要求されない、すなわちFabless companyの特徴を裏づけるものです。同時にAppleの投資CFの大部分は、じつは資金運用の一部(Purchases of marketable securities)にすぎないので、分析する意義もあまり高くありません。

⑨Cash generated by financing activities(財務活動によるキャッシュフロー)
　　　→→→やはり年度間でデコボコがあり、すべてプラスの値、すなわち資金調達の状態で、2011年は446まで成長

　財務CFはすべてプラスの値であることは、同社が無配、無借金企業である上に、ストックオプションの行使による新株発行で、むしろ資金調達が進んでいるためです。ここもデコボコが存在しますが、5年間で見れば、売上成長に近いかたちで財務CFのプラスの値が成長していることがわかります。

STEP 2
「成長率計算」の弱点を補う
Supplement Weaknesses of % Change Calculation

▷

　ここまで、% Change Calculation（成長率計算）という新しいツールを使って、Appleの主な決算数値の推移を分析してきました。それによって、どの勘定が売上より著しく高い成長率を示しているのか（5つの利益項目など）、どの勘定が売上より著しく遅い成長率なのか（Common stockや# of sharesといった、エクイティ・ファイナンスに伴うものなど）が明らかとなりました。

　では、ここで問題です。Working capital（運転資金）を構成する3つの勘定科目、すなわちAccounts receivable（売掛金）、Inventories（棚卸資産）、Accounts payable（買掛金）を、金額の大きな順に並べてください。

　どうでしょう。じつはこれが% Change Calculationの弱点の1つです。成長のスピード、すなわちFlowの動きは明らかになるのですが、その企業にとってどの数値のインパクトが大きいかといった、Stockの情報はつかむことができません。

　そこで**有益なツールとなるのが、第2章で紹介したCommon-Size Financial Statements（百分率財務諸表）です**。これを描くことで、BSにおける各勘定科目のインパクトの大小が明らかになるとともに、見落としがちな他の勘定も浮き出てきます。

BSからインパクトの大きい項目をつかむ

　AppleのCommon-Size Balance Sheetを次ページの図表4-10に描いてみます。ここから、どんなことが見えてくるでしょうか。

①Cash and cash equivalents（現金及び現金同等物）
　Assets 100に対して、実質キャッシュと考えてもよい3つ、Cash and cash equivalents（現金及び現金同等物）8、Short-term marketable securities（短

図表4-10 Appleの「百分率貸借対照表」

in millions of US $ (百万ドル), 24-Sep-11

ASSETS: 総資産の部		百分率	LIABILITIES AND SHAREHOLDERS' EQUITY: 負債及び株主資本の部		百分率
Current assets: 流動資産			**Current liabilities:** 流動負債		
Cash and cash equivalents 現金及び現金同等物	9,815	8	Accounts payable 買掛金	14,632	13
Short-term marketable securities 短期有価証券	16,137	14	Accrued expenses 未払費用	9,247	8
Accounts receivable 売掛金	5,369	5	Deferred revenue 前受収益	4,091	4
Inventories 棚卸資産	776	1	**Total current liabilities** 流動負債計	**27,970**	**24**
Deferred tax assets 繰延税金資産	2,014	2	Deferred revenue – non-current 1年超の前受収益	1,686	1
Vendor non-trade receivables ベンダーからの未収金	6,348	5	Other non-current liabilities その他固定負債	10,100	9
Other current assets その他流動資産	4,529	4	**Total liabilities** 負債計	**39,756**	**34**
Total current assets 流動資産計	**44,988**	**39**	Commitments and contingencies 契約義務と偶発債務		
Long-term marketable securities 長期有価証券	55,618	48	**Shareholders' equity:** 株主資本		
Property, plant and equipment, net 有形固定資産	7,777	7	Common stock, no par value 資本金	13,331	11
Goodwill のれん	896	1	Retained earnings 利益剰余金	62,841	54
Acquired intangible assets, net 獲得された無形資産	3,536	3	Accumulated other comprehensive income/(loss) その他包括利益（損失）累計額	443	0
Other assets その他資産	3,556	3	**Total shareholders' equity** 株主資本計	**76,615**	**66**
Total assets 総資産の部合計	**116,371**	**100**	**Total liabilities and shareholders' equity** 負債及び株主資本の部合計	**116,371**	**100**

出所：Apple 10-Kをもとに著者作成

期有価証券）14、Long-term marketable securities（長期有価証券）48の合計は70に達します。資産の7割は、実質的にキャッシュです。3つの金額の合計は815億ドルです。このあと見るキャッシュ以外の資産は、全部足しても3割ということなので、Apple全体へのインパクトは比較的小さな話です。

②**Property, plant and equipment, net（有形固定資産）**
　キャッシュ関連以外でもっとも大きな値は、Property, plant and equipmentの7です。PP&Eの中身は、先に紹介したとおり、取得価額ベースではMachinery, equipment and internal-use software（機械、器具及び内部使用のソフトウェア）がもっとも大きく、次にLeasehold improvements（賃貸借物件の改良費）、Land and buildings（土地と建物）と続きます。

③**Vendor non-trade receivables（ベンダーからの未収金）**
　次に大きな値は、Vendor non-trade receivables の5です。Common-Size Balance Sheet（百分率貸借対照表）を描くことで、見落としがちなVendor non-trade receivablesという聞き慣れない勘定科目をきちんととらえることも可能となりました。全資産の5%でも金額では63億ドルです。決して少額ではありません。10-K上のVendor non-trade receivablesに関する記述を拾っておきましょう。

　　The Company has non-trade receivables from certain of its manufacturing vendors resulting from the sale of components to these manufacturing vendors who manufacture sub-assemblies or assemble final products for the Company. The Company purchases these components directly from suppliers. Vendor non-trade receivables from two of the Company's vendors accounted for 53% and 29% of total non-trade receivables as of September 24, 2011.（中略）The Company does not reflect the sale of these components in net sales and does not recognize any profits on these sales until the related products are sold by the Company, at which time any profit is recognized as a reduction of cost of sales.

　中間製品や最終製品の組み立てを製造委託しているベンダーに対して、Apple（The Company）が部品の供給を行った結果から生じるVendor non-trade receivablesを保有している。Appleはそうした部品をサプライヤーから直接調達している。2011年9月24日現在、上位2社のベンダーが、Vendor non-trade receivables全体の53％、29％をそれぞれ占めている。こうした部品の供給による売上や利益をAppleは計上せずに、Appleが最終製品を販売した時点で売上原価の控除として認識する処理をしている。

　上の表記から、**①Appleは製造を外注していること**、**②部品調達はAppleが一括仕入れをすることで原価低減へ結びつけていること**、**③会計処理はあくまで原価の控除としての処理であり、製造委託に伴う部品供給を直接的な売上や利益としては計上しないこと**などが読みとれます。

　Appleにとっては、売掛金や有形固定資産に匹敵するほどの大きさを持ったVendor non-trade receivablesです。このことから、Appleの製造が多岐にわたって外注化されていることが裏づけられます。

④Accounts receivable（売掛金）

　次に大きな値は、Accounts receivableの5です。売掛金の相手については、10-Kで以下のように記されています。なお、日本では単体決算書における売掛金の金額の大きな相手先上位5社が開示されますが、海外では固有名詞の開示義務はありません。

The Company has considerable trade receivables outstanding with its third-party cellular network carriers, wholesalers, retailers, value-added resellers, small and mid-sized businesses, and education, enterprise and government customers.（中略）As of September 24, 2011, there were no customers that accounted for 10% or more of the Company's total trade receivables. Trade receivables from two of the Company's customers accounted for 15% and 12% of total trade receivables as of September 25, 2010. The Company's cellular network carriers accounted for 52% and 64% of trade receivables as of September 24, 2011 and September 25, 2010, respectively.

　第3者である携帯電話会社、卸売、小売や再販事業者などを介して製品を販売している。2011年9月24日現在、全売掛金の10%以上を占める顧客はないが、2010年9月では、上位2社向けのものが15%、12%をそれぞれ占めていた。携帯電話会社向けの売掛金は、2011年は全体の52%、2010年は64%に相当する。

⑤Total shareholders' equity（株主資本）

　BSの右側に目を転じてみましょう。Retained earnings（利益剰余金）54とCommon stock（資本金）11を中心とした、Total shareholders' equity 66によって、全体の7割近くの説明が終了です。左に実質キャッシュが70、右に株主資本が66と、きわめてシンプルなBS、持たざる経営を徹底したBSであることを印象づけます。

⑥Accounts payable（買掛金）

　次に大きな値は、Accounts payable 13です。インパクトを実感するために金額を確認しておくと、146億ドルです。2011年9月期の売上原価644億ドルと単純比較しても、約4分の1、つまり、3ヵ月程度の支払サイトと思われます。

　先のVendor non-trade receivables（ベンダーからの未収金）63億ドルと相

殺される部分も多いでしょうが、いずれにしてもAppleの製造委託先や原材料サプライヤーに対する圧倒的な交渉力の表れと言える箇所です。ここまで見てきた、キャッシュリッチであること、営業CFが利益以上に増加していることなどに、すべてつながるところです。

⑦Accrued expenses（未払費用）

次に大きな値は、Accrued expenses 8です。日本語にすれば未払費用です。なかでも金額の大きなものは、Deferred margin on component sales（部品販売に伴う繰延利益）20億ドル、Accrued warranty and related costs（製品保証関連のコスト）12億ドル、Accrued taxes（未払税金）11億ドルであることが、10-Kから確認できます。

⑧Deferred revenue（前受収益）

次に大きな値は、Deferred revenue 4とDeferred revenue - non-current 1を合わせた5です。Deferred revenueは「前受収益」です。ソフトウェアのアップグレードの権利、店舗、オンラインストア、iTunes Storeで使用できるギフトカード、またAppleCareサービス・サポート契約などが含まれています。

Deferredという言葉も会計の世界ではよく登場します。Deferには「先に延ばす」という意味があります。売上や利益として確定するための役務が完了する前に、顧客から入金された場合に登場する用語です。日本語では「前受」という用語を多用します。英語では「defer＝（現金は受け取ったが**売上計上を）先に延ばす**」、日本語では「（**現金を**売上計上できる）前に受け取る」です。同じ出来事でも主語としているものが異なるのは、興味深いところです。

将来的なリスクを確認する

いま1度、Appleがなぜ、長短合わせて実質815億ドルものキャッシュを保有

するキャッシュリッチ企業なのかを考えてみましょう。

　売掛金は携帯電話会社向けに多く保有しているものの、金額的インパクトは小さな額です。つまり、非常に早い回収を実行しています。Inventories（棚卸資産）も資産100に占める値はわずか1と極少です。製造を外部委託するため、仕掛在庫も存在しません。

　Vendor non-trade receivables（ベンダーからの未収金）が多いことから、部品調達は契約上はAppleが行うようですが、物理的には製造委託先に直送する形式を取っているのでしょう。販売先への移送も同様なので、Apple自身が在庫を保有する期間も量も極少に抑えられていきます。工場としての有形固定資産は保有しません。Apple Storeへの投資はかさんできてはいるものの、総資産に占めるProperty, plant and equipment（有形固定資産）の割合はわずか7です。一般的な電機メーカーとは比較にならないほど小さな額です。

　BSの右側に目を転じれば、買掛金や未払費用の支払いはAppleの交渉力の強さからも、とてもゆっくりしたものです。一方、顧客から前受収益、つまり製品やサービスを提供する前にキャッシュが入ってくる仕組みも保有しています。

　株主資本のなかでは、ストックオプションの行使によって資本金が増加している、つまりエクイティ・ファイナンスでの資金調達が行われています。そして最後に何よりも、しっかりと稼いで利益剰余金が膨らんできています。そして配当金は一切払いません。自社株買いもしません。

　このように、AppleのBSのほぼすべての勘定が、キャッシュリッチに結びつく動きを示しています。815億ドルは1ドル80円で換算して6.5兆円です。その大きさをわかりやすく表現すると、2012年1月現在のパナソニックとソニーの両社を、それぞれ2回買収できるほどの巨大な額です。これほどのキャッシュを手元に置いておく必要が果たしてあるのかと、疑いたくもなる水準です。

　では、こうしたAppleに死角はないのでしょうか。もちろん、死角のない企業など存在しません。

　Appleの2011年12月現在の株式時価総額は約3,620億ドルですが、過去5年

のような新製品の発売と爆発的成功が今後も続かない限り、これまでのエンドレスな株価上昇はないでしょう。冷静に考えれば、そうした状況が永遠に続くと考えるほうが異常で、いつかは必ず終焉を迎えるはずです。そのときのソフトランディングも視野に入れながらの、過剰とも言える財務体質、キャッシュリッチの維持ともとることができるのでしょう。

しかし、2012年3月、ついにAppleは同年第3四半期（7月期）から配当を再開することを表明しました。同時に、3年間で100億ドル規模の自社株買いを同年秋より開始することも言明しました。これら配当と自社株買いを合わせた株主還元は、今後3年間累計で450億ドルに達する予定です。ただし、2011年9月期のAppleの営業CFが375億ドルあったことを考えれば、決して驚くほどの金額でもありません。Appleの好調が継続するなら、3年間で仮に450億ドルの株主還元をしても、Appleのキャッシュは増え続ける可能性も十分大です。

では、Apple自身は、自社のRiskは何ととらえているのでしょうか。10-Kのなかでは、自社の**Risk Factors（リスク条項）**の開示義務があります。2011年9月期のAppleの10-Kでも、12ページにわたって詳しく記されています。訴訟社会が根底にあるためでしょうか、一般に米国会計基準の企業のほうが、Risk Factorsについて詳細に語ります。

とくに、①**今後も新製品の開発と進化を続けていかなければならないこと**（The company must successfully manage frequent product introductions and transitions.）、②**Appleの成功は特定の人物に依存していること**（Much of the Company's future success depends on the continued availability and service of key personnel.）、③**製造や部品調達、物流サービスなどを米国以外にある外部パートナーに依存していること**（The Company depends on component and product manufacturing and logistical services provided by outsourcing partners, many of whom are located outside of the U.S.）についても詳しく記されています。

ぜひAppleの10-Kに行って、その内容を確認してみてください。

ケース・クロージング

Case Closing

　2012年の現在、「世界でもっとも業績絶好調な企業はどこ？」と問えば、たいていの方は迷わず「Apple!」と答えるのではないでしょうか。それくらい、誰もが企業名とその製品、そして業績の好調ぶりをイメージできます。実際の決算書を見てきて、そのイメージと実態はしっかりマッチするものだったでしょうか。

　Appleの大躍進は、直接的に競合する携帯用音楽プレーヤー、携帯電話、PCなどのメーカーの業績を苦境に追いやっただけではありません。iPhoneやiPadで実現できる機能（デジタルカメラ、高機能の携帯用ゲーム、なくしたら大変な紙の手帳等々）や、代替のエンタテインメントとして市場を奪われたもの（レンタルソフト店、書店、パチンコ店、洋服店等々）など、じつに多岐にわたります。こうした変化が急速に起きたため、多くの産業ではそれが自社の存続を揺るがすものだと気がついた頃には、すでに取り返しのつかない事態に陥っていました。

　もちろんそれは、あらゆる企業にとってのビジネスチャンスでもあります。iPhoneやiPadに乗せることで、急成長しているSNS（ソーシャル・ネットワーキング・サービス）企業、カラフルで立体的な画面だからこそ価値が出せる雑誌やオンデマンド配信など、コンテンツプロバイダの躍進は一例です。また、Apple製品の中に組み込まれる部品を製造する多くの日本企業は、Apple特需で業績を大きく伸ばしています。

　大切なのは、こうした急変する技術やサービスをOpportunities（機会）としてとらえ、「どうやったら自社の持続的な成長に活かせるのか」と問い続けることでしょう。それがたとえ自社のこれまでの競争優位性を否定することであっても、いずれ市場がその優位性を否定していくのです。そうなる前の英断こそ、じつはいまの日本企業に強く求められていることかもしれません。

　Appleの創業者Steve Jobs氏は、AppleからCEOを解任されたこともありました。その後設立したNeXT ComputerをAppleが買収したことから、再びAppleのCEOに返り咲いたという経緯の持ち主です。

企業というものは何が転じて福となるのか、本当にわからないものです。いまは亡きSteve Jobs氏から学ぶべき大切なことは、あきらめずに、そして時代の大きな変化をきちんととらえ、正しいタイミングで正しい行動をとることなのでしょう。

Let's Try

　スマートフォンやタブロイド型端末市場において、2012年現在、Appleを牽制しうる位置にあるのは、第6章で分析するAmazon.comと、Googleです。検索サイトから「Google Investor relations」と検索して、同社の決算書を入手してみましょう。そして、Appleと同じ現象（40%に達する売上成長率、売上成長を大きく上回る利益成長、大きな投資を必要としない事業モデルから生じる数兆円単位の手元現預金）が見られるかを分析してみてください。

ブレイクタイム……5
Tips on Accounting in English

これだけは覚えておきたい会計用語（BSの右側編）

Credit……貸方
　Creditには「信頼」という意味もあります。投資家からすれば信頼してお金を貸しているのだから、貸方がCredit。

Current liabilities……流動負債
　be liable for〜で「〜に責任がある」という慣用句です。Current＝流動的＝1年以内に返済する責任のあるもの、これが流動負債です。

Accounts payable／Trade（accounts）payable……買掛金
　Payable（支払うことになっている）Accounts（アカウント）、つまり買掛金。

Notes payable……支払手形
　Payable（支払うことになっている）Notes（手形）、つまり支払手形。

Short-term debt／Short-term borrowings……短期借入金
　有利子負債による資金調達を「デット・ファイナンス」と言うように、カタカナ英語で問題なし。Debtのbは無音で「det」と発音します。

Current portion of long-term debt……1年以内に返済予定の長期借入金
　Long-term debt（長期借入金）のうち、満期がcurrent（1年以内）に来るもの。

Accrued expense……未払費用
　発生主義を英語でAccrual（basis）と言います。発生主義にもとづいてすでに費用として認識されているものの、未だ支払われていない費用のこと。

Prepaid income／Advance from customers……前受金
　プリペイド（料金前払いの）カードから連想すれば問題なし。

Lease obligations……リース債務
　Obligationは、契約など確たるものにもとづいた責任を意味します。

Fixed liabilities（Non-current liabilities）……固定負債
　Fixed＝固定的＝1年超は返済義務の訪れない負債です。Non-currentも1年以内ではない、つまり1年超ということなので同じ意味です。

Long-term debt／Long-term borrowings……長期借入金

カタカナ英語の組み合わせなので問題なし。

Corporate bond……社債
　Corporateが発行するBond（債券）なので社債。

Allowance for retirement benefits for employees……退職給付引当金
　従業員のRetirement benefits（退職給付）のためのAllowance（引当金）。

Deferred tax liabilities……繰延税金負債
　Deferred（繰り延べられた）tax（税金）liabilities（負債）と、日本語と同じ語順です。税金の後払いに相当し、将来の税金を加算するものです。

（Shareholders'）Equity……（株主）資本
　株主は複数いるので、shareholdersのsを忘れずに。

Common share / Common stock / Share capital……資本金
　Commonが付けば普通株式。優先株ならPreferred stock。

Additional paid-in capital / Capital reserves……資本剰余金
　Additional（追加の）paid-in（払い込まれた）capital（資本）です。

Treasury shares……自己株式
　日本語で自己株式のことを金庫株と表現しますが、英語でもTreasury（宝庫）のshares（株式）と呼ぶのです。

Retained earnings / Earned surplus……利益剰余金
　日本語では意味がつかみにくい「利益剰余金」も、英語では、Retain（保持）されたearnings（利益）とそのままです。

Accumulated other comprehensive income……累積その他の包括利益
　Comprehensiveは「包括的な」という意味です。略してOCIとも呼ばれます。

Non-controlling interests / Minority interests……非支配持分
　ControllingしていないInterests（持分）、つまり非支配持分です。

第5章 | Walt Disney
複合企業の多角化を「セグメント情報」でつかむ

ケース・オープニング

Case Opening

　2011年3月11日に発生した東日本大震災は、多くの企業に甚大な損失をもたらしました。それらの内訳は、固定資産や棚卸資産の減損、損壊した資産の点検・撤去費用、損害を受けた資産の原状回復費用や災害に伴う工場・店舗の移転費用など、じつに多岐にわたっています。これらの損失は、日本の会計基準では、PL上の特別損失として計上されています。

　震災関連の特別損失が100億円を上回った3月決算期の企業（日本会計基準）は、全部で18社あります。そして、19番目として、97億円の特別損失を計上したのがオリエンタルランド（以下、OLC）です。

　震災直後の3月12日から、ディズニーランドは4月14日、ディズニーシーは4月27日まで、それぞれ休園しました。つまり、2011年3月決算については、震災の翌日から決算期末の3月31日まで、ちょうど20日間休園したことになります。震災が同社の事業にどれほど影響があったかを知るために、震災前の予想数値と実績を比較してみましょう（図表5-1）。

　震災後の20日間の休園によって、OLCの売上高、営業利益、経常利益は、当初の予想より5％程度減っていることがわかります。20日÷365日は5.5％なので、休園した期間の売上高と利益がほぼそのまま減少したことになります。当期純利益のみ25.8％減少しているのは、被災した施設の原状回復費用や休園期間中の固定費を特別損失として計上したためです。

　OLCは舞浜（千葉県浦安市）にあるディズニーリゾートの運営に事業を集中していることが、震災によって改めて浮き彫りになりました。言い換えれば、事業の多角化や、立地の分散をあまり図ってこなかったことになります。

　事業を集中する最大のメリットは、ヒト、モノ、カネの経営資源を効率的に投下できることです。事業分野を拡大するほど、経営資源は分散し、もっとも大切なところに十分な投資ができない可能性が高まります。テーマパーク、ホテル、劇場（シルク・ドゥ・ソレイユは2011年末で撤退）、商業施設、モノレール、ショップなど、あれだけの大掛かりなエンタテインメントが1つの場所

図表5-1　オリエンタルランドの2011年3月期連結数値（実績 vs. 予想）

(百万円)

	2011年3月期（実績） ［対売上高］	2011年3月期（2010年度第 3四半期決算発表時予想） ［対売上高］	差額 （実績 vs. 予想）
売上高	356,180 ［100％］	375,060 ［100％］	-18,880 (-5.0％)
営業利益	53,664 ［15.1％］	56,470 ［15.1％］	-2,806 (-5.0％)
経常利益	52,887 ［14.8％］	55,760 ［14.9％］	-2,873 (-5.2％)
当期純利益	22,907 ［6.4％］	30,880 ［8.2％］	-7,973 (25.8％)

出所：オリエンタルランド決算発表資料をもとに著者作成

で体験できるからこそ、私たち顧客もそこに足を運びたくなるものです。

　一方、**一極集中する最大の不安は、そこが止まると、会社全体の売上や利益がストップしてしまうことです。**いみじくも今回の震災によって、OLCはそれが明らかになりました。こうした事象は、同社にとっての重要なリスク情報です。OLCの有価証券報告書（2011年3月期）にも、下記のように、集中することのリスクが記載されています。

　　災害
　　当社グループの事業基盤はほぼ舞浜に集中しているため、舞浜地区にて大地震や火災、洪水などの災害が発生した場合の影響が考えられます。東京ディズニーリゾート各施設につきましては安全性に十分配慮しているものの、災害発生時には施設の被害、交通機関およびライフライン（電気・ガス・水道）への影響、レジャーに対する消費マインドの冷え込みなどが想定されることから、一時的な入園者数の減少などにより当社グループの業績に影響を及ぼす可能性があります。

では、本家のThe Walt Disney Company（以降、Walt Disney）はどうなのでしょうか。Disneylandがカリフォルニアとフロリダにあることは、ディズニーファンでなくても周知の事実。でも、フランスと香港にもDisneylandがあり、次のパークを上海に計画していることまで知っている方は、相当のディズニーファンかもしれません。

　テーマパークだけではありません。ディズニーは定期的にアニメーションや実写の映画を製作・公開しています。ディズニーチャンネルといったテレビ局も保有しています。米国3大ネットワークのABCがじつはWalt Disneyに所有されていると知れば、いよいよ事業の多角化が相当進んだ企業ということが見えてくるでしょう。さまざまなキャラクターのライセンシング・ビジネスもやっています。ディズニーストアといった小売店の運営もそうです。さらに、2011年8月には、ハワイ州オアフ島にタイムシェア型リゾートホテル「アウラニ」を開業するなど、世界中でリゾート施設の運営も手掛けています。

　こうした**多角化企業の決算書を分析する際は、全社の連結決算書だけ見ていたのでは限界があります。なぜなら、事業ごとに決算書の構造はまったく異なるからです。**ある事業は薄利だけど、規模の拡大によって利益を追求するモデルかもしれません。別の事業は、規模は比較的小さいけれど、高い利益率でしっかり稼いでいくモデルなのかもしれません。ある事業は相応の設備投資を必要とするのに対して、別の事業はできるだけ資産を持たずに展開する事業かもしれません。

　多角化している企業には、事業セグメントを開示する義務があります。大きく5つの事業を展開するWalt Disneyの事業セグメント情報を見ていくことで、その読み方を学びながら、Walt Disneyがどれほど事業多角化の進んだ企業なのかを明らかにしていきましょう。多角化の成功例として、多くの日本企業が考察するに値する事例となるはずです。

STEP 1
事業セグメント情報の読み方を学ぶ
Learn to Read Business Segment Information

　Walt DisneyはBusiness Segment（事業セグメント）を次の5つに分けて開示しています。同社が採用する米国会計基準、IFRS（国際会計基準）、そして日本会計基準ともに、セグメント情報はManagement Approach（マネジメント・アプローチ）を義務づけています。これは、経営者が業務上の意思決定や業績評価のために企業内で組織しているセグメントにもとづくものと同一の開示を求めるものです。

Walt Disneyの5つの事業セグメント

　Walt Disneyの事業セグメント情報には、次の5つの事業が示されています。まずは、それぞれの事業の概要を見てみましょう。

①**Media Networks（メディア・ネットワーク部門）**
　メディア・ネットワーク部門は、米国内放送テレビ・ネットワーク事業、テレビ番組制作及び配給事業、米国内テレビ局事業、米国外及び米国内ケーブル・ネットワーク、米国内放送ラジオ・ネットワーク及びラジオ局事業、出版及びデジタル事業で構成。

②**Parks and Resorts（パーク・アンド・リゾート部門）**
　フロリダ州にあるウォルト・ディズニー・ワールド・リゾート、カリフォルニア州にあるディズニーランド・リゾート、ディズニー・バケーション・クラブ、ディズニー・クルーズ・ライン及びアドベンチャー・バイ・ディズニーを所有し運営。ディズニーランド・パリと香港ディズニーランド・リゾートを運営し、かつ各51％及び47％の実質持分を保持。東京ディズニーリゾートの事業もライセンス許諾。2010年11月5日、上海政府と、上海の浦東地区におい

てディズニー・テーマ・パークを建設・運営するための詳細な合意書を発表。

③**Studio Entertainment（スタジオ・エンターテイメント部門）**

　ライブ・アクション映画及びアニメーション映画、直接ビデオで発表するコンテンツ、音楽レコード及びライブ演劇の制作及び取得。

④**Consumer Products（コンシューマ・プロダクツ部門）**

　既存及び新しいキャラクターやその他知的財産に基づく多様な商品をデザイン、開発、出版、販売促進し、販売する上で、商品ライセンス事業、出版及び小売事業を通して、世界中のライセンシー、製造業者、出版事業者、小売業者と提携。

⑤**Disney Interactive Media Group（インタラクティブ・メディア部門）**

　インタラクティブ・メディア・プラットフォーム全体のディズニー・ブランドのエンターテイメントとライフスタイル・コンテンツを創作し配信。全世界への配信向けにマルチ・プラットフォーム・ゲームを制作するゲーム事業及び米国内と米国外でインターネット・ウェブサイトを制作するオンライン事業。収入源は、卸売りの売上げ、ライセンス事業、広告・スポンサーシップ事業、加入サービス業、オンラインゲーム・アクセサリー（電子取引）によるもの。携帯電話のサービスとコンテンツを消費者に提供するディズニー・ブランドの携帯電話事業も日本で運営。

　じつは、この事業セグメントの概要は、日本の金融庁が作成しているEDINETからWalt Disneyの有価証券報告書（2010年10月期）を検索して、該当箇所をコピー＆ペーストしたものです。EDINETはElectronic Disclosure for Investors' NETworkの略語で、「金融商品取引法に基づく有価証券報告書等の開示書類に関する電子開示システム」のことです。2012年3月現在、218の外

図表5-2 Walt Disneyの事業セグメント情報

Year ended on October 1, 2011　in millions of US$（百万ドル）

	Media Networks メディア・ネットワーク部門	Parks and Resorts パーク・アンド・リゾート部門	Studio Entertainment スタジオ・エンターテイメント部門	Consumer Products コンシューマ・プロダクツ部門	Interactive Media インタラクティブ・メディア部門	Sub-total 小計	Corporate 全社	Total Consolidated 連結合計
Revenues total 売上高合計	18,714	11,797	6,351	3,335	986	41,183	-	-
Revenues (intersegment) 売上高（グループ間）	-	-	-	(286)	(4)	(290)	-	-
Revenues (consolidated) 売上高（連結）	18,714	11,797	6,351	3,049	982	40,893	-	40,893
Segment operating income (loss) 営業利益（損失）	6,146	1,553	618	816	(308)	8,825	-	8,825
Capital expenditures 資本的支出	307	2,723	118	115	21	3,284	275	3,559
Depreciation expense 減価償却費	229	1,165	53	48	16	1,511	148	1,659
Amortization of intangible assets 無形固定資産の償却	8	-	79	57	38	182	-	182
Identifiable assets 事業固有資産	27,244	19,530	12,221	4,992	1,801	65,788	6,336	72,124
Equity method investments 持分法投資	2,044	2	4	1	1	2,052	-	2,052
Intangible assets 無形固定資産	1,693	0	1,214	1,918	166	4,991	130	5,121
Goodwill のれん	15,728	172	5,284	1,797	1,164	24,145	-	24,145

計算できる指標一覧（アミは5つのセグメントでもっとも大きな値）

売上高構成比	45.8%	28.8%	15.5%	7.5%	2.4%	100.0%		
営業利益構成比	69.6%	17.6%	7.0%	9.2%	-3.5%	100.0%		
資産構成比	41.4%	29.7%	18.6%	7.6%	2.7%	100.0%		
減価償却費構成比	15.2%	77.1%	3.5%	3.2%	1.1%	100.0%		
資本的支出構成比	9.3%	82.9%	3.6%	3.5%	0.6%	100.0%		
無形固定資産構成比	33.9%	0.0%	24.3%	38.4%	3.3%	100.0%		
のれん構成比	65.1%	0.7%	21.9%	7.4%	4.8%	100.0%		
ROA	22.6%	8.0%	5.1%	16.3%	-17.1%			12.2%
売上高営業利益率	32.8%	13.2%	9.7%	26.8%	-31.4%			21.6%
資産回転率	0.69	0.60	0.52	0.61	0.55			0.57
売上高減価償却費率	1.2%	9.9%	0.8%	1.6%	1.6%			4.1%
資本的支出÷減価償却費	1.34	2.34	2.23	2.40	1.31			2.15

出所：Walt Disney 10-Kをもとに著者作成

国法人・組合の決算書類をEDINETから日本語で閲覧できます。どんな法人・組合が掲載されているか、1度覗いてみてください。

　前ページに、Walt Disneyの2011年決算（2011年10月1日決算日）の事業セグメント情報を一覧で示してみましょう。

　事業セグメント情報は、**①全社をBig Picture（大局観）でとらえる**、**②各構成比を読む**、**③ROA（総資産利益率）を分解する**、というステップに従うと、効果的に読むことができます。実践してみましょう。

STEP1　全社をBig Pictureでとらえる

　事業セグメント情報を読む際のBig Picture（大局観）とは、全社のイメージをしっかりとつかむことです。

　前ページの図表5-2の右端にあるWalt Disney全社の数値を概観してみましょう。Revenues（売上高）は408億ドル、Segment operating income（営業利益）は88億ドルです。1ドル80円で換算すると、売上は3兆2,600億円、営業利益は7,000億円です。先のオリエンタルランドと比較すると、ちょうど10倍ほど規模が異なる超巨大企業です。

　次にROA（営業利益率ベース）は12.2％と2ケタに乗せていることが確認できます。国内ではROA10％（税引前利益ベース）を優良企業の1つのベンチマークと考えることもよくあります。では、Walt Disneyはどのようにしてそれを実現しているのでしょう。それを知るためにROAを売上高営業利益率（営業利益÷売上高）と資産回転率（売上高÷総資産）に分解してみるのです。

　すると、**前者の収益性（Profitability）は21.6％**と、とても高いのに対して、**後者の回転率（Assets turnover rate）は0.57**と、とても低い値です。一般に営業利益率は10％が優良水準と何度か触れてきたのを覚えていますか。Walt Disney全社のBig Pictureは、非常に高い収益性に対して、資産はかなり重たいことになります。**それでもROAが10％を超えているのだから、もちろん利益**

に見合った資産保有とは言えるのでしょう。

　テーマパークや放送局の設備投資がさぞ重いのだろう、と思って全社の売上高減価償却費率を見るとどうでしょう。4.1%なので、驚くほど大きい値でもありません。一方、Capital expenditures（資本的支出）をDepreciation expense（減価償却費）で割った値が2.15倍と2倍を上回っています。2011年は、過去の平均的な投資の2倍超に相当する投資を行った1年ということになります。

　高い利益率に重たい資産。設備投資は意外に少ないものの、2011年度は相応の投資を行った1年。いかがでしょう。事業セグメント情報の全社の数値を見るだけでも、Walt DisneyのBig Pictureが見えてきましたか。同時に、多くの疑問点も浮き出てきましたか？

| STEP2 | **各構成比を読む** |

　次に、主な5つの数値（Revenues、Operating income、Identifiable assets、Depreciation expense、Capital expenditures）の全社に占める構成比を、それぞれ見ていきましょう。

　Revenues（売上高）は、Media Networks（メディア・ネットワーク部門）45.8%とParks and Resorts（パーク・アンド・リゾート部門）28.8%を合わせて全社の7割を超えています。さらにStudio Entertainment（スタジオ・エンターテイメント部門）15.5%を合わせると、全社売上の9割です。**事業セグメント情報は5つに分かれていますが、実質的には3大事業を中心とする企業グループと言ってよいのでしょう。まさにテレビとパークと映画の企業グループです。**

　ところがSegment operating income（営業利益）になると少し景色が変わります。**全社の7割弱の利益は、Media Networksが稼いでいます。**グループ間の売上に相当するRevenue（Intersegment）はMedia Networksにはないので、

すべて外部顧客から稼いでいるものです。日本では「ディズニー＝テーマパーク」のイメージが強いですが、Walt Disney自身は、7割の利益をテレビやラジオ、あるいはそこから生み出されたプログラムの再販といったメディア事業で稼いでいるのです。

　それでもParks and Resortsも全社利益の2割弱に当たる15億ドルを稼いでいるので、決して少なくはありません。ちなみに、1ドル80円で換算すると15億ドルは1,200億円くらいです。

　この章の冒頭で紹介したように、OLCの2011年3月期の営業利益は536億円です。OLCがディズニーリゾートの運営をいかに日本で成功させているかが改めて実感できます。OLCからWalt Disneyへは、ロイヤルティとして毎年200億円程度が支払われていることを考えると、なおさらです。Studio EntertainmentとConsumer Products（コンシューマ・プロダクツ部門）も、それぞれ全社利益に7％、9.2％の貢献があります。Interactive Media（インタラクティブ・メディア部門）の売上規模は小さいですが、赤字に陥っています。

　Identifiable assets（事業固有資産）の構成はどうでしょう。売上と利益のどちらの構成比に似ていますか？　売上と似ていれば、後に見る資産回転率（売上÷資産）が、利益と似ていればROA（利益÷資産）が、セグメント横断で近似していきます。ざっと見ると、明らかに売上と資産の構成比の数値が、全セグメントにわたってほぼ同じになっています。

　これは、事業が5つのセグメントに分かれていても、保有する資産の規模感と、それが生み出す売上の規模が似通っていることを意味します。よって、**後に見る資産回転率は、事業セグメント横断で同じような数値が計算されてくるはずです。**

　保有する資産の規模感はセグメント横断で一緒でも、その中身は異なるはず。そんなことが、減価償却費の構成比を見ると感じられます。全社の減価償却費の8割弱は、Parks and Resortsで発生しています。減価償却対象となるアトラクションやホテルなどの建物や機械を多く保有している事実と一致します。

図表5-3 ROAを分解する

$$\text{ROA（Return on assets）資産利益率} = \underbrace{\frac{\text{Operating profit（営業利益）}}{\text{Sales（売上高）}}}_{\text{Operating margin 売上高営業利益率}} \times \underbrace{\frac{\text{Sales（売上高）}}{\text{Assets（資産）}}}_{\text{Assets turnover rate 資産回転率}}$$

これに対して、Media Networksの減価償却費は、全社の15.2％と意外に少ないです。でも先に見たように資産は多く持っています。必然的にMedia Networksでは、減価償却対象とならない資産が多いことになります。

資本的支出の構成比は、減価償却費の構成比とほぼ近い値です。各セグメントで所有する有形固定資産に相応する設備投資が、2011年度にそれぞれで行われたことを語っています。

| STEP3 | **ROAを分解する** |

ここまでのSTEP1と2は、どちらかと言うと、どの数値が大きい、小さいといった事実確認の範疇なので、見れば誰でもわかることです。Why？（なぜそうなのか？）やSo What?（だから今後どうしたらよいのか？）まで考えないと、分析と呼べる域には達していません。そこで事業セグメント情報を分析するアプローチとして、ROA（Return on assets＝資産利益率）を分解していきましょう。

ROAの分子には、目的と決算数値の入手可否によって、さまざまな利益を用いることがあります。ここでは事業セグメントごとの利益として唯一開示されている営業利益を使っています。図表5-3のように、**ROAはReturn on sales（Operating margin、売上高営業利益率）とAssets turnover rate（資産回転率）の掛け算に分解できます。**

ROAは、所有している資産からどれだけ効率的に利益が生み出されたかを表しています。このことから、Walt Disneyのような巨大な資産を抱えることが前提となるビジネスでは、とくに評価に値する指標です。

　先に触れたように、ROAで2ケタ（税引前利益ベース）は1つの優良水準です。いまこの成熟した世の中で、資産から効率よく利益を10％生み出すことは、そう優しいことではないはずです。700億ドル近い巨大資産を抱えているWalt Disneyであれば、なおさらです。

　ではROAをどうやって高めるのか。それは2つの分解、つまりOperating marginを高めるか、Assets turnover rateを高めるかに尽きるのです。二者択一ではないですが、一般にこの2つの間には、負の関係が生じやすいものです。利益率の高い事業は資産回転率が低い（通信、鉄道、電力など）、資産回転率の高い事業は利益率が低い（小売、卸売、商社など）といった感じです。

　Walt Disneyは5つの事業すべてで、売上高より資産がかなり大きくなっています。すなわちAssets turnover rateが1倍を大きく割り込んでいます。このことから、**ROAを高める選択肢は、その巨大な資産に見合うだけの十分な利益をPL上で上げること、つまりOperating marginを高めること**となります。

STEP 2
各事業セグメントのROAを分解する
Break Down Segment Return on Assets

ここからは、事業セグメント情報を読むための3つめの手順に従い、Walt Disneyの各事業のROA（資産利益率）を分解していくことにしましょう。

メディア・ネットワーク部門のROA

Media Networks（メディア・ネットワーク部門）のROA 22.6%を分解すると、Operating margin（売上高営業利益率）32.8%、Assets turnover rate（資産回転率）0.69となります。

```
                   Operating margin      Assets turnover rate
    ROA 22.6%  =        32.8%        ×          0.69
```

①Operating margin（売上高営業利益率）

営業利益率30%超とは、いかにも高利益率事業です。彼らが100円で売っているものは、全部で70円以下のコストしかかかっていないというのです。では、そもそもMedia Networksの主な売上は何で、主なコストは何なのでしょうか。

主な売上は、加盟系列局からの収入（Affiliate fees）と広告収入（Advertising）です。これら2つがほぼ互角で、事業セグメント売上の9割近くに達しています。

傘下には、ABC、ESPN、Disney Channel、SOAPnetなどの放送局を保有しています。1996年に買収したABCテレビは、238の地方局を介して全米の99%の家庭に到達する広大なネットワークを保有しています（2011年10月現在）。

加盟系列局からの収入や広告収入は、いわば手数料収入のようなもの。製造コストで売上の7～8割を失う製造業と異なって、こうした非製造業で「売上

＝手数料」の感覚に近い企業ほど、PL上の利益率はよく見える傾向にあります。

　主なOperating expenses（営業費用）には、番組制作費、技術サポート費、配信費や営業人件費が含まれています。このMedia NetworksとStudio Entertainmentの2つのセグメントで発生する巨額の番組制作コストは、内部開発、外部調達の両方含めていったん資産計上します。その後定められた償却年数で償却（Amortization）処理していきます。

　なお、**日本語でも、有形固定資産やソフトウェアなどは「減価償却」、特許や商標権などの無形固定資産は「償却」と呼び分けますが、似ているので紛らわしいです。英語では、前者はDepreciation、後者はAmortizationとまったく異なる呼び方になっています。**

　先の事業セグメント情報で、Media NetworksのDepreciation expense（減価償却費）が意外に少なかったのを覚えていますか。自社で所有するテレビ局は限定的で、全国への配信は提携局を活用するので、テレビ局といえども有形固定資産は意外と少ないのです。代わって多いのは、番組制作に伴うAmortization expense（償却費）ということになります。

　2011年度は総額で81億ドルのAmortization expenseが、Media NetworksとStudio Entertainmentの2つのセグメントで発生していることが10-Kからわかります。残念ながらそれぞれの内訳は開示されていませんが、2つのセグメントの売上合計250億ドルの32％超に相当します。「100円で売っているものは、全部で70円しかコストがかかっていない」としましたが、70円のコストの半分近くは、番組制作から来るAmortization expenseということになります。

②**Assets turnover rate（資産回転率）**

　Media Networksは、保有資産は多いのにDepreciation expense（減価償却費）が少ないことから、「減価償却対象とならない資産が多い」ことは、先に類推しました。1つの理由は、もうおわかりでしょう。それは、番組制作費でその年にはAmortization（償却）されずに、資産（勘定科目はFilm and television costs）として計上されている金額です。2011年度は、2つのセグメント合計（長短合計）で50億ドルあります。これも2セグメントの内訳は開示されていませんが、2つのセグメントの資産合計394億ドルの13%弱に相当します。

「13%は意外に少ない？」と考える方は、もう1度事業セグメント情報を見てください。他の資産が多いので、相対的にFilm and television costsが少なく見えている可能性があります。すると、Media NetworksセグメントのGoodwillが157億ドルと、巨大なことに気づきます。Media Networksが所有する272億ドルの資産のじつに58%が「のれん」だというのです。ABC自体がもともと1996年にWalt Disneyが買収した企業であることを考えれば、自明です。

　Media Networks事業セグメントで活発にM&Aをくり広げてきたこと、そして同時に、米国会計基準ではGoodwill（のれん）はAmortization（償却）しないので、日本企業よりBS上に滞留しやすいということもあるでしょう。**米国会計基準やIFRSでは、のれんの定額償却をしないので、M&A後ののれん償却負担によってPL上の利益が継続的に減少するということはありません。その代わり、Impairment test（減損テスト）は、日本よりはるかにきびしく行われます。なお、のれん以外の商標権や販売権などM&Aによって発生する無形資産は、海外でも償却を行います。**

　196〜197ページの図表5-4に記すWalt Disneyの全社BS上で、Film and television costsより大きな金額は、Parks and Resortsが主に所有する有形固定資産と、全社の売掛金（Receivables）しかありません。

　これらから、Media Networksの高ROA 22.6%は、自社が所有するテレビ局と提携局に対して、視聴率の高い番組制作・配信を行うとともに、数多くのM&Aも活用して、ここまで飛躍的に成長してきたと読むことができます。

パーク・アンド・リゾート部門のROA

Parks and Resorts（パーク・アンド・リゾート部門）のOperating margin（売

図表5-4　Walt Disneyの連結貸借対照表

CONSOLIDATED BALANCE SHEETS
(in millions of US $, except per share data)

	October 1, 2011	October 2, 2010		October 1, 2011	October 2, 2010
ASSETS			**LIABILITIES AND EQUITY**		
Current assets			Current liabilities		
Cash and cash equivalents	$ 3,185	$ 2,722	Accounts payable and other accrued liabilities	$ 6,362	$ 6,109
Receivables	6,182	5,784			
Inventories	1,595	1,442	Current portion of borrowings	3,055	2,350
Television costs	674	678	Unearned royalties and other advances	2,671	2,541
Deferred income taxes	1,487	1,018			
Other current assets	634	581	Total current liabilities	12,088	11,000
Total current assets	13,757	12,225			
			Borrowings	10,922	10,130
Film and television costs	4,357	4,773	Deferred income taxes	2,866	2,630
Investments	2,435	2,513	Other long-term liabilities	6,795	6,104
Parks, resorts and other property, at cost			Commitments and contingencies		
			Equity		
Attractions, buildings and equipment	35,515	32,875	Common stock, $.01 par value	30,296	28,736
Accumulated depreciation	(19,572)	(18,373)	Authorized — 4.6 billion shares, Issued — 2.7 billion shares		
	15,943	14,502	Retained earnings	38,375	34,327
Projects in progress	2,625	2,180	Accumulated other comprehensive loss	(2,630)	(1,881)
Land	1,127	1,124			
	19,695	17,806		66,041	61,182
Intangible assets, net	5,121	5,081	Treasury stock, at cost, 937.8 million shares at October 1, 2011 and 803.1 million shares at October 2, 2010	(28,656)	(23,663)
Goodwill	24,145	24,100			
Other assets	2,614	2,708			
Total assets	$ 72,124	$ 69,206	Total Disney Shareholders' equity	37,385	37,519
			Noncontrolling interests	2,068	1,823
			Total equity	39,453	39,342
			Total liabilities and equity	$ 72,124	$ 69,206

連結貸借対照表
（百万ドル、1株当たりデータを除く）

	October 1, 2011	October 2, 2010		October 1, 2011	October 2, 2010
総資産の部			負債及び株主資本の部		
流動資産			流動負債		
現金及び現金同等物	$ 3,185	$ 2,722	買掛金及びその他の未払費用	$ 6,362	$ 6,109
売掛金	6,182	5,784	1年以内返済の長期借入金	3,055	2,350
棚卸資産	1,595	1,442	前受ロイヤルティ及びその他の前受金	2,671	2,541
テレビ作品原価	674	678			
繰延税金資産	1,487	1,018	流動負債合計	12,088	11,000
その他の流動資産	634	581			
流動資産合計	13,757	12,225	長期借入金	10,922	10,130
			繰延税金負債	2,866	2,630
映画及びテレビ作品原価	4,357	4,773	その他の長期負債	6,795	6,104
投資有価証券	2,435	2,513	契約債務及び偶発債務		
パーク、リゾート及びその他の有形固定資産			株主資本		
			普通株式（額面0.01ドル）	30,296	28,736
アトラクション、建物及び設備	35,515	32,875	授権株式数46億株、発行株式数27億株		
減価償却累計額	(19,572)	(18,373)	利益剰余金	38,375	34,327
	15,943	14,502	その他の包括損失累計額	(2,630)	(1,881)
制作中プロジェクト	2,625	2,180		66,041	61,182
土地	1,127	1,124	自己株式取得原価		
	19,695	17,806	2011年10月1日現在937.8百万株、2010年10月2日現在803.1百万株	(28,656)	(23,663)
無形固定資産（純額）	5,121	5,081	ディズニー株主持分合計	37,385	37,519
のれん	24,145	24,100	非支配持分	2,068	1,823
その他の資産	2,614	2,708	株主資本合計	39,453	39,342
総資産の部合計	$ 72,124	$ 69,206	負債及び株主資本の部合計	$ 72,124	$ 69,206

出所：Walt Disney 10-K

上高営業利益率）13.2％はまずまずですが、Assets turnover rate（資産回転率）が0.60倍と低いので、ROAで見ると8.0％と見劣りします。それだけ彼らが巨額なテーマパークやホテルを抱えていることが裏づけられます。

$$\text{ROA } 8.0\% = \text{Operating margin } 13.2\% \times \text{Assets turnover rate } 0.60$$

①Operating margin（売上高営業利益率）

主な売上は、テーマパークへの入場券の販売、ホテルの宿泊料、商品・飲食品の販売、バケーション・クラブ資産の販売と賃貸、及びクルーズ・バケーション・パッケージの販売です。日本のOLCにないのは、最後の2つです。117億ドルの売上の内訳は、93億ドル（8割）がDomestic（米国内）で、24億ドル（2割）がInternational（海外）です。

ここで、Parks and ResortsセグメントのInternationalでの稼ぎ頭は、東京ディズニーリゾートであろうことは、容易に想像がつきます。オリエンタルランドからWalt Disneyへは、毎年約200億円のロイヤルティが支払われていることが、OLCの有価証券報告書で確認できます。1ドル80円で換算すると、200億円は、2.5億ドルです。さて、2.5億ドル÷セグメント売上高23億ドルで、10％強の貢献……としてよいでしょうか？

Walt DisneyとOLCの間には資本関係は一切ありません。あくまで、ライセンス契約にもとづくビジネスパートナーです。東京ディズニーリゾートのためにWalt Disneyが割り当てている経営資源は限られています。つまり、OLCがWalt Disneyに支払う2.5億ドルは、Walt Disneyにとっては、売上であると同時に、ほとんどが利益となるものです。

Parks and Resortsセグメント全体の営業利益15億ドルに対して、2.5億ドルは2割弱の貢献となります。Internationalセグメントだけであれば、過半数に軽く及ぶのは間違いないでしょう。しかも、東京ディズニーリゾートに関す

るWalt Disneyの所有資産は限りなくゼロなので、Walt Disneyにとって東京ディズニーリゾート事業のROAは、無限大に近いものです。

では、もし東京ディズニーリゾートがなくなってしまうと、どんな姿になるのでしょう。Parks and Resortsの売上と利益からそのまま2.5億ドル減らしてROAを計算してみます。すると、**もっと利益率が悪く、もっと資産の重たい事業セグメントとして映ってきます。結果としてROAは6.7％しかない事業セグメントとなります。**

OLCの有価証券報告書の「経営上の重要な契約等」では、Walt Disneyとの東京ディズニーランドやディズニーシーに関する契約について、「東京ディズニーシー開園日の20年後まで。ただし、各当事者は5回にわたり、さらに5年間ずつ延長することができる」と記されています。2011年の秋、東京ディズニーシーが10周年イベントを行ったので、大きな契約更新はその10年後の2021年にやってきます。東京ディズニーリゾートなしのROAが示すように、少なくともOLCが現在の好業績を続けている限り、Walt DisneyがOLCと袂(たもと)を分かつことは決してないのでしょう。

②Assets turnover rate（資産回転率）

OLCも資産が重い会社ですが、Walt Disneyはそれに輪をかけて、OLCが保有しないバケーション用不動産賃貸事業と、船のクルーズ事業を運営しています。どちらも不動産や船という巨額の設備投資を要するものです。他の4つの事業セグメントに比べると、Goodwill（のれん）がほとんど存在しないことも、このセグメントの特徴です。ここだけはM&Aではなく、自らの設備投資を主体とした自力成長を目指していると言えます。

2011年の資本的支出÷減価償却費は2.34倍と投資をさらに拡大しています。これについては、建築中の2隻のクルーズ船の最終支払い、ウォルト・ディズニー・ワールド・リゾートと香港ディズニーランドの拡張投資に加えて、上海ディズニーランドの開発に伴う投資が膨らんだと記されています。

資産回転率の低迷によってROAが伸び悩む背景には、こうした先行投資があることも見逃してはいけません。先行投資が将来花開くとすれば、むしろ低いROAは株の購入を考える絶好のチャンスともとれるのです。

スタジオ・エンターテイメント部門のROA

　Studio Entertainment（スタジオ・エンターテイメント部門）は、Operating margin（売上高営業利益率）もAssets turnover rate（資産回転率）も、ここまで見た2つの事業セグメントに劣っています。結果としてその掛け算のROAも3大事業のなかでは最低値の5.1%です。

		Operating margin		Assets turnover rate
ROA 5.1%	=	9.7%	×	0.52

①Operating margin（売上高営業利益率）

　主な売上は、劇場（Theatrical distribution）、ホーム・エンターテイメント（Home entertainment）、テレビ（Television distribution）の各市場での映画配給からの収入です。Walt Disney Pictures、Touchstone Pictures、Pixar、Miramax and Dimensionなど多様な配給元を傘下に保有しています。

　このセグメントは、5つのなかでもヒット作の有無で利益がもっともぶれやすい事業セグメントです。2011年のOperating marginは9.7%ですが、2010年は10.3%、2009年は2.9%、2008年は14.8%でした。費用については、先のMedia and Networksセグメントで見たとおり、番組制作費のAmortization（償却費）が大きな値を占めているのでしょう。

②Assets turnover rate（資産回転率）

　Media and Networksセグメントと同じく、資産に比べて減価償却費の構成

比が少ないことから、Depreciation（減価償却）対象でない資産が重くなっています。番組制作費でその年はAmortization（償却）せずに、資産（勘定科目はFilm and television costs）として計上された金額が大きいのでしょう。

また、Goodwill（のれん）の52億ドルは、セグメントが保有する資産のほぼ半分です。これもMedia and Networksと同じ現象です。1例として、2009年12月に42億ドルで買収したMarvel Entertainmentが挙げられます（のれんはConsumer Productsセグメントと分配して計上している）。

つまり、Media and Networksはテレビ、Studio Entertainmentは映画と中身は異なりますが、自社で制作したり、M&Aによって獲得したコンテンツを配給して収入を得ること、そのために巨額の番組制作コストがかかることは、共通しています。映画のほうがヒット作品の有無で利益がぶれやすいことや、ABCテレビやディズニーチャンネルを有するテレビほどの圧倒的な優位性は築けていないというのが現状なのでしょう。

コンシューマ・プロダクト部門のROA

Consumer Products（コンシューマ・プロダクト部門）のOperating margin（売上高営業利益率）26.8%は、Media Networksの次に高い値です。このお陰でROAも16.3%と、Parks and ResortsやStudio Entertainmentを大きく上回る水準に達しています。

ROA 16.3% ＝ Operating margin 26.8% × Assets turnover rate 0.61

①Operating margin（売上高営業利益率）

ここには、映画、テレビ、その他作品によるキャラクターに関するライセンス許諾、児童向け書籍と雑誌の発行や、小売店舗（ディズニーストア）とインターネット・ショッピング・サイトからの収入が含まれています。この非常に

高い利益率こそ、ディズニーキャラクターたちの持つ強いブランド力を示しているといってよいでしょう。

ここには、ディズニーストアという小売事業も含まれています。ここまで見てきたテレビや映画、テーマパーク事業に比べれば、一般に小売業は薄利多売な事業です。もし小売事業を除いたLicensing and publishingだけでの利益率（売上は19億ドルと開示されています）を見せてもらえれば、そこの利益率が26.8%止まりということはないのでしょう。もっとも、先のH&Mのように、強いブランド力と商品力があれば、小売業でも20%台の利益率は可能であることも忘れてはいけません。

②Assets turnover rate（資産回転率）

ライセンスビジネスも、小売業も、どちらかと言えば「資産を持たざるビジネス」のイメージです。その資産回転率が0.61しかないのは、違和感を覚えます。

ところが保有資産49億ドルのうち、18億ドル弱はGoodwill（のれん）、その他のIntangible assets（無形固定資産、多くはM&Aによって獲得したもの）も19億ドル強です。合計額37億ドルは保有資産の8割程度です。やはりここも、M&Aによって拡大を図っていることがうかがえます。先のMarvelの買収に伴うのれんのうち、このセグメントに13億ドルののれんが計上されています。

インタラクティブ・メディア部門のROA

Interactive Media（インタラクティブ・メディア部門）は、5つの事業セグメントのなかで唯一かつ大幅赤字です。

		Operating margin		Assets turnover rate
ROA −17.1%	=	−31.4%	×	0.55

①Operating margin（売上高営業利益率）

　赤字の事業セグメントを見つけたときは、すぐにNGと結論づけずに、2つの点をチェックします。1つは、グループ内の他セグメントへの貢献があるのか、もう1つは、たまたま2011年度は赤字になっただけなのか。

　1点めについては、intersegment（内部セグメント）向けの売上の大小をチェックします。そこの事業セグメントだけで見ると赤字でも、グループ内の他セグメントへの売上貢献が大きければ、グループ全体で見ればOKとも考えられるためです。Walt Disneyの場合、Interactive Mediaのintersegment売上はわずか400万ドルで、セグメント売上の1%にも満たないものです。

　2点めについては、同セグメントの赤字状態はじつは過去からずっと続いているものです。これらの事実から、根本的にこの事業セグメントが競争優位性を発揮できていない、と結論づけられます。

　マルチ・プラットフォーム・ゲームの売上、ライセンス許諾、広告収入、スポンサーシップ、電子取引、及び日本でのディズニー・ブランドの携帯電話事業からの収入などが含まれています。ある意味、4つのセグメントに入らないものはすべてここに入っているイメージです。営業費用には、製品開発費や配信費が含まれます。毎年一定額のリストラや減損を計上するなど、試行錯誤も続いている印象です。

②Assets turnover rate（資産回転率）

　ここもやはり、Identifiable assets（事業固有資産）18億ドルのうち、61%に相当する11億ドルがGoodwill（のれん）です。M&Aが活発に行われ、資産が拡大してきたものの、まだそれが利益には結びついていないどころか、赤字を生み続けているということになります。M&Aの1例として、2010年8月に5.6億ドルで買収した、オンライン・ソーシャルゲームの開発を行うPlaydomが挙げられます。

ケース・クロージング

Case Closing

　Walt Disneyの事業セグメント、いかがでしたか？　日本では「ディズニー＝テーマパーク」のイメージが強いですが、米国のWalt Disney自身は、7割の利益をテレビやラジオといったメディア事業（Media Networks）で稼ぐ企業です。映画ビジネス（Studio Entertainment）も一定の規模に達していて、パーク・アンド・リゾート（Parks and Resorts）と合わせた3大事業への分散が図られています。

　また、ディズニーキャラクターを中心とした強力なコンテンツビジネス（Consumer Products）でも、その高いROAが示すように、圧倒的な競争優位性を発揮した事業展開を行っています。それに対して、ネットを中心としたコンテンツ配信ビジネス（Interactive Media Group）は、赤字が継続していて、まだこれからの課題山積といった状況です。ただし、今後のインターネット上でのエンタテインメント拡大を考えれば、Walt Disneyにとって十分に値する先行投資ともとれるでしょう。

　これら5つのビジネスが、相互に強い関連性、シナジーを保有していることは言うまでもありません。映画で生み出された新たなキャラクターを、テレビで流したり、テーマパークで登場させたり、あるいは他社に使用許諾を与えてライセンス料を受け取るなど。そうしたシナジー効果を発揮できる領域に事業拡大を図っているという点では、単なる規模の追求ではなく、確たるビジョンにもとづいた事業の多角化と見ることができます。

　セグメント情報から明らかになったように、Parks and Resorts以外のセグメントは、多額のGoodwill（のれん）や、M&Aによって発生した多くの無形固定資産（Intangible assets）を抱えています。もともとは1928年にミッキーマウスの漫画からスタートしましたが、その後1955年にDisneyLandが米国のカリフォルニア州で登場しました。その後の50年超に及ぶ歴史のなかでは、多くのM&Aによって事業の多角化を図ったというのが事実です。

　東日本大震災によって、舞浜一極集中による事業の脆弱さが露呈したオリエンタルランドです。それに対して、先に見た同社のリスク条項にあるように、

災害に対する備えは万全を敷いているはずです。

　一方、リスクヘッジという観点のみならず、企業の継続的な成長をもたらすには、大胆な事業領域の拡大も今後望まれていくのでしょう。Walt Disneyのような、放送局の経営、映画製作・配給、さらにはコンドミニアムの展開などが、果たしてOLCの選択肢になるかはわかりません。OLCがWalt Disneyと決定的に異なるのは、ディズニーキャラクターの国内版権を保有していないため、東京ディズニーリゾートの成功を多角化事業に自由に活用できないことにあります。そうした制約の下、OLCが次にどんな成長戦略を打ち出してくるのか、注目されます。

　さて、Walt Disneyに話を戻しましょう。果たして創業者であるWalt Disney氏自身が、まさか全国ネットのテレビ局の経営を自社が営むと考えていたのかはわかりません。それでもミッキーマウスをはじめとする夢のあるキャラクターたちを、世界中の人々にとって身近な存在に創り上げたのは、テレビや映画事業の拡大にほかなりません。そうした意味では、下記にあるWalt Disney氏のビジョンが、同社の事業多角化によって実現に至ったと言うことはできるのでしょう。

　Disneyland is your land. Here age relives fond memories of the past …. and here youth may savor the challenge and promise of the future. Disneyland is dedicated to the ideals, the dreams and the hard facts that have created America … with the hope that it will be a source of joy and inspiration to all the world.

　ディズニーランドは皆さんの場所です。老いた者は昔の優しい思い出に浸り、若き者は未来への挑戦や展望を味わうのです。アメリカを創り上げてきた理想や夢、そしてきびしい試練に、ディズニーランドを捧げます。喜びの源や世界へのインスピレーションとなることを願って。

　　　　　（1955年7月17日のDisneyland開園セレモニーのスピーチより）

Let's Try

　米国のConglomerate（複合）企業の代表と言えば、General Electric Company（GE）です。GEのセグメントは、Energy Infrastructure、Aviation、Healthcare、Transportation、GE Capital、Home & Business Solutionsに分かれています。検索サイトから「GE investor relations」と検索して、同社の決算書を入手してみましょう。そして、Walt Disney同様に、セグメントごとのさまざまな利益率や回転率の指標を計算し、そこから得られる事業特性ごとの優位性について分析してみてください。

ブレイクタイム……6
Tips on Accounting in English

洗練された英語表現を身につけよう（動詞編）

　気がつくと、決まりきった英語ばかりを使っていませんか。同じ言葉ばかり使うと、語彙の少ない人と思われてしまいます。英語のほうが表現の仕方はたくさんあるし、もっと洗練された言い回しで会話をしたいものです。
　ここでは、英会話によく出てくる動詞（Verbs）の別の言い回しを紹介しましょう。例文の下線部分を別の動詞に置き換えれば、同じ表現でも、カッコ内の意味を含んだものに変えることができます。

(1) 話す……We say ～
　【連発しそうな言い回し】
　　express、say、show、speak、talk、tell
　【もっと洗練された表現】
　　address（演説する）、clarify（明確にする）、convey（伝える）、explain（説明する）、present（示す）、share（共有する）、summarize（要約する）

(2) 考える……We think that ～
　【連発しそうな言い回し】
　　believe、see、think、understand
　【もっと洗練された表現】
　　are convinced（確信する）、are sure（確信する）、assume（想定する）、consider（熟考する）、decide（決定する）、deduce（推測する）、expect（期待する）、figure（計算する）、gather（推測する）、identify（確認する）、perceive（把握する）、recognize（認識する）、view（見なす）

(3) 行う……We do ～
　【連発しそうな言い回し】
　　do、try
　【もっと洗練された表現】

accomplish（完成する）、achieve（達成する）、adopt（採用する）、arrange（調整する）、carry out（遂行する）、deploy（展開する）、enforce（強制する）、execute（実行する）、explore（調査する）、fulfill（遂行する）、implement（実装する）、initiate（始める）、make progress in（はかどる）、manage（遂行する）、operate（捜査する）、perform（執行する）、put effort into（努力する）、put ～ into action（実行に移す）、proceed with（進行する）、pursue（続ける）、strive（奮闘する）、target（目標とする）、undertake（引き受ける）

(4) 得る……We get ～
【連発しそうな言い回し】
catch、gain、get、grab、have
【もっと洗練された表現】
accrue（蓄積する）、acquire（獲得する）、earn（稼ぐ）、grasp（つかむ）、harvest（収穫する）、maintain（保持する）、obtain（手に入れる）、procure（調達する）、reap（収穫する）、secure（確実に入手する）、seize（つかむ）、win（勝利する）

(5) 作る……We make ～
【連発しそうな言い回し】
build、make、plan
【もっと洗練された表現】
compose（構成する）、construct（構築する）、create（創造する）、develop（開発する）、establish（確立する）、form（形成する）、generate（生み出す）、put together（まとめる）、produce（生み出す）

第6章 Amazon.com
9ステップで英語の決算書を読んでみる

ケース・オープニング

Case Opening

　好みの本を探すときに、「インターネットでチェックする」と言うより「アマゾンでチェックする」と言ってしまうくらい、インターネット書店のデファクト・スタンダード（De-facto standard）となったAmazon.com（以下、Amazon）。多くの人が1度は買い物をしたことのあるAmazonは、とても身近な存在です。でも、リアルな店舗がないだけに、意外と企業イメージはつかみにくいところもあります。いったい、どんな会社なのでしょう。

　たとえば、Appleと言えばSteve Jobs氏、MicroSoftと言えばBill Gates氏、Facebookと言えばMark Zuckerberg氏と、創業者の顔と名前がパッと思い浮かびます。さて、Amazonの創業者の名前をフルネームで言えますか？

　2011年10月5日、Appleの創業者であり会長だったSteve Jobs氏が亡くなりました。そのときに米ウォール・ストリート・ジャーナル紙で組まれた「次世代のSteve Jobs」（Who Will Be the "Next Steve Jobs"?）の候補として、FacebookのMark Zuckerberg氏やソフトバンクの孫正義氏と並んで名前が挙がっていたのが、Amazonの創業者であり現CEOのJeff Bezos氏です。

　Amazonが単にインターネット上の書店にすぎないなら、次世代のJobsと言うほどのIT革命家の候補に名前が挙がることはないでしょう。では、**Amazonはどういった企業で、何を目指していて、いまどういう位置にいるのでしょう。Amazonの決算書からそれらを読み解くことで、Steve Jobs氏亡き後の次世代のインターネット革命の方向性を探っていくことにしましょう。**

　ここからは、これまでに紹介したさまざまな分析ツールを使いながら、Amazonを読んでいきます。言わば、ここまでの学習を踏まえた修了ケース課題のようなものです。読者の皆さんは、1つ1つのツールについて、できるかぎり自分で書き出してみたり、表計算ソフトで計算するなどしてから、読み進めていくことをお勧めします。

　では、図表6-1のような順番で進めていくことにしましょう。

図表6-1　Amazonの経営分析のプロセス

	Chapter	Steps in analysis	（分析のステップ）
1	第1章	Imagine the Company, Amazon.com	Amazonのビジネスを想像する
2	第1章	Obtain the Financial Statements	Amazonの決算書を入手する
3	第1章	Understand the Goal of the Company	Amazonのゴールを理解する
4	第1章	Read the Financial Statements with a Big Picture and Prioritization	大局観と優先順位を持って決算書を読む
5	第2章	Analyze the Financial Ratios of the Company	会計指標を分析する
6	第2章	Check Common-Size Financial Statements	「百分率財務諸表」をチェックする
7	第3章	Read the Cash Flow Statement	キャッシュフロー計算書を読む
8	第4章	Measure Growth with % Change Calculation	「成長率計算」で成長スピードを測る
9	第5章	Read Business Segment Information	事業セグメント情報を読む

STEP 1 Amazonのビジネスを想像する
Imagine the Company, Amazon.com

▶▶▶▶▶▶▶▶▶

　まず、第1章のH&Mと同様、Amazonのビジネスを想像しながら、それがどのように決算書に表れているのか、11のイメージを挙げてみましょう。

　読者の皆さんは、下記を読む前に、ぜひペンを持って、3つでも4つでもAmazonのイメージを書き出してみてください。そして、その1つ1つが決算書にどのように表れるのかを想像してみるのです。

仮説1　「"Next Steve Jobs"の候補が経営しているほどの会社だから、Apple並みに成長しているんだろうな。ということは、Appleのように年40％を超える勢いで売上成長している？」

仮説2　「H&Mと同じ小売業。でも、H&Mと違ってオリジナルの商品のみを扱う製造小売業じゃないよな。第1章でさまざまな小売業のGross margin（売上高総利益率）を見たけど、SPA（製造小売）でない企業はだいたい25〜30％強だった。Amazonもそんなものかな。でも世界No.1の本屋さんだから、その調達力を考えると結構、仕入原価を抑えて総利益率を出しているかもしれない。本より単価の高い電化製品などは、もっと利益を乗せられそうだし……」

仮説3　「小売業の3大販管費は、人件費、家賃、広告宣伝費って、第1章にあったよな。でもAmazonはリアルな店舗がないから、人件費と家賃は少ないはず。広告宣伝費も値が張りそうなTVコマーシャルとか毎週末のチラシがないから、すごく少ないんだろうか？」

仮説4　「同じ小売業でも、H&Mと違って現金商売じゃない。ユーザーはクレジットカードで支払うから、売掛金は結構出てくるのでは？　たとえば末締めの翌月末受取りで1ヵ月くらいとか？」

仮説5「ネットだけど、注文すればすぐに届くのがいいんだよな。そうじゃなきゃ、やっぱり近くの本屋で買っちゃうし……。ということは、在庫は結構持っているのかな？」

仮説6「もともと小売業だし、店舗も持ってないから、不動産なんてほとんどないだろうな。電子書籍リーダーのKindleもきっとAppleみたいに製造は外注しているはずだし。ちょっと待てよ。でも膨大なデータ管理はどうしているんだろう。自前のデータセンターとかサーバーを持っていると、意外と設備の金額は膨らむのかな？」

仮説7「そう言えば、匿名で政府や企業の機密情報を公開するWikiLeaksが当初Amazonのサーバーを使ってたってニュースがあったな。サーバーのレンタルみたいなこともやっているんだな。すると、それなりの有形固定資産が出てくるのかな？」

仮説8「世界No.1のインターネット上のショッピングサイトだから、メーカーに対しては圧倒的な力を持っているはず。すると、支払いはゆっくりかな。でも早く払うから安くして、というやり方もあるよな。Amazonはどっちなんだろう？」

仮説9「H&MやAppleみたいに無借金経営かな。ここまで考えてきた売掛金の回収サイト、在庫の規模、サーバーやデータセンターへの投資規模、買掛金の支払サイトに影響されるから、何とも言えないかな？」

仮説10「No.1企業として、Apple同様にしっかり稼いできたはずだから、利益剰余金は多いだろうね？」

仮説11「Apple並みのお金持ちなのか。あるいは投資にどんどんつぎ込んでいて、手元のお金は意外と少ないのか。それによって、フリーキャッシュフローのイメージも決まるよな。どっちなんだろう？」

STEP 2 Amazonの決算書を入手する
Obtain the Financial Statements

　パソコンの前に座るあなたに**「Amazonの決算書を1分以内に入手してください」**と言ったら、どうしますか？　これも第1章で触れたので、もう問題ないですね。
　Amazon.com（Amazon.co.jpではない）のトップページ1番下のほうにある「Investor Relations」をクリックすると、AmazonのIRサイトに飛ぶことができます。もっと近道をしたい人は、検索サイトから「Amazon investor relations」と検索してもたどり着けます。
　そして、左側に並んだ項目リストの先頭にある「Annual Reports and Proxies」をクリックすればアニュアルレポートを、3番目の「SEC Filings」からは10-K（年次報告書）を、Amazonが上場した1997年以降すべて閲覧できます。
　Microsoft Excelなどの表計算ソフトでいろいろ計算したいんだけど、PDFファイルでは……という方。米国企業の場合は、米SECが公開するEDGAR（法定開示書類の電子開示システム）から「Amazon」で検索してHTMLベースの10-Kを入手すればよいのです。

STEP 3 Amazonのゴールを理解する
Understand the Goal of the Company

　実際の決算書を見る前に、もう1つ大切なステップがありました。そうです。その企業が何をゴールとしているのかを知ることです。**ゴールがあるから日々の活動がある。そして、日々の活動があるから決算書があるのです。ゴールの理解なくして決算書を分析しても、それは地図を持たないまま山に登るような**

ものです。2011年度の10-Kに、Amazonのゴールが次のように明記されています。

> We seek to be Earth's most customer-centric company for four primary customer sets: consumers, sellers, enterprises, and content creators.
> 私たちは、地球上でもっともお客様を大切にする企業となることを目指しています。一般消費者、小売業者、企業・組織、そしてコンテンツ・クリエーターが、主な4つの顧客層です。

たった3行で表されたAmazonの究極のゴール。これだけだと、ありきたりと思われるかもしれません。でも、少なくとも私たち一般消費者だけが顧客でないことはわかりました。Amazonのインフラ上で自社の商品を販売したい小売業者も、Amazonが大切にしたいと考える顧客のようです。そしてあらゆるenterprises（企業や組織）も顧客だというのです。それは、先のWikiLeaksが一時的にせよAmazonの顧客だったことからも明らかです。

そして、2011年から4つめの顧客としてcontent creators（コンテンツ・クリエーター）が加わりました。これは独立した作家や出版者がAmazonのWeb上で自分のコンテンツを販売できるというものです。

STEP 4　大局観と優先順位を持って決算書を読む
Read the Financial Statements with a Big Picture and Prioritization

では、いよいよここから、Amazonの決算書を見ていくことにしましょう。
まずは、大局観と優先順位を持って読むことです。より細かい分析（Why?に相当する部分）は、この後に続くFinancial Ratio Analysis（会計指標分析）とCommon-Size Financial Statements（百分率財務諸表）に譲るとして、ここ

ではまさにBig Picture（大局観）によって、主にFact（事実）、つまり大きい数値の確認を行います。

Amazonの損益計算書を読む

　218〜219ページの図表6-2は、Amazonの過去4年度の10-Kに記されているConsolidated Statements of Operations（連結損益計算書）をまとめたものです（対売上高比率等、一部著者が加工）。2011年度売上高の480億ドルは、1ドル80円換算で3兆8,400億円です。日本でもっとも大きな小売業のセブン-イレブン・ジャパンの売上高2兆9000億円（2010年度、実売ベース）を1兆円上回っています。同じ小売業でも、セブン-イレブン・ジャパンは国内に1万3,232店舗（2011年2月末）ありますが、Amazonの店舗は1つもありません。
　Gross income（売上総利益）は、22％台で4年にわたり、とても安定しているように見えます。また、売上に対するSG&A（販管費）の割合は、2008〜2010年は18％前後でピタッと安定しているため、Income from operations（営業利益）も4％台で安定推移しています。一般によく見られる「急成長企業＝利益率は不安定または急成長」とは、少しイメージが違うようです。ただし、2011年度はFulfillment（フルフィルメント）とTechnology and content（技術及びコンテンツ）が一気に増加したことから売上高販管費率が20％を超え、結果として売上高営業利益率は1.8％まで急低下しています。
　営業利益の下のNon-operating income（expense）（営業外活動の収支）も、パッと見たところ大きな値でもありません。2008〜2010年は、税金を支払って、結局最後のNet income（純利益）までが安定した3％台で推移するといった終わり方です。**ROS（売上高利益率）のパーセンテージの動きだけを見ていると、急成長企業というより、まるで鉄道や通信のような安定産業の様子です**。ただし、2011年の売上高純利益率は1.3％まで下落します。Amazonに大きな変化が起きていることを示唆するものです。

Amazonの貸借対照表を読む

　では、貸借対照表はどうでしょう。220～221ページの図表6-3に英和対訳の貸借対照表を掲載します。
　BSはRead from BIG numbers。そうです、大きな数値から読むのでした。もっとも大きな数値は必ず、1番下に記述される合計です。合計252億ドルは、売上高480億ドルの53％。小売業らしく、やはり売上に比べれば、保有する資産の規模は小さく映ります。
　次にRead by BLOCKS（BSは固まりで読む）。左側のAssets（総資産）は、Current assets（流動資産）が174億ドルで全資産のほぼ7割です。米国会計基準では日本基準のようにFixed assets（固定資産）の区分を明示しないのが普通ですが、必然的に固定資産はAssetsの3割です。
　ここでは、大きな勘定科目の順番だけおさえておきましょう。流動資産は「Cash and cash equivalents（現金及び現金同等物）52.6億ドル　⇒　Inventories（棚卸資産）49.9億ドル　⇒　Marketable securities（有価証券）43.0億ドル　⇒　Accounts receivable（売掛金）25.7億ドル」の順に多くなっています。
　Marketable securitiesは手元流動性資金と見なせるので、Cash and cash equivalentsとMarketable securitiesの合計95.7億ドル、日本円にして約7,600億円（1ドル80円で換算）のキャッシュを保有していることになります。Appleの815億ドル（6兆5,000億円）の実質キャッシュに比べればさすがに見劣りしますが、Amazonの売上480億ドルの2割（2.4ヵ月）に当たる資金は、キャッシュリッチカンパニーと言うのに十分な水準です。
　固定資産では、Fixed assetsと丸めてあるので、その中身を後で見る必要がありますが、金額は44.1億ドルで最大です。2010年度の24億ドルから倍増しており、Amazonが固定資産への投資を加速していることがうかがわれます。

図表6-2　Amazonの連結損益計算書

CONSOLIDATED STATEMENTS OF OPERATIONS
(in millions of US $)

	Year Ended December 31,							
	2011		2010		2009		2008	
Net sales	48,077	100.0	34,204	100.0	24,509	100.0	19,166	100.0
Operating expenses:								
Cost of sales	37,288	77.6	26,561	77.7	18,978	77.4	14,896	77.7
Gross income	10,789	22.4	7,643	22.3	5,531	22.6	4,270	22.3
Fulfillment	4,576	9.5	2,898	8.5	2,052	8.4	1,658	8.7
Marketing	1,630	3.4	1,029	3.0	680	2.8	482	2.5
Technology and content	2,909	6.1	1,734	5.1	1,240	5.1	1,033	5.4
General and administrative	658	1.4	470	1.4	328	1.3	279	1.5
Other operating expense (income), net	154	0.3	106	0.3	102	0.4	(24)	(0.1)
Total selling, general and administrative expenses	9,927	20.6	6,237	18.2	4,402	18.0	3,428	17.9
Income from operations	862	1.8	1,406	4.1	1,129	4.6	842	4.4
Interest income	61	0.1	51	0.1	37	0.2	83	0.4
Interest expense	(65)	(0.1)	(39)	(0.1)	(34)	(0.1)	(71)	(0.4)
Other income (expense), net	76	0.2	79	0.2	29	0.1	47	0.2
Total non-operating income (expense)	72	0.1	91	0.3	32	0.1	59	0.3
Income before income taxes	934	1.9	1,497	4.4	1,161	4.7	901	4.7
Provision for income taxes	(291)	(0.6)	(352)	(1.0)	(253)	(1.0)	(247)	(1.3)
Equity-method investment activity, net of tax	(12)	0.0	7	0.0	(6)	0.0	(9)	0.0
Net income	631	1.3	1,152	3.4	902	3.7	645	3.4

連結損益計算書
(百万ドル)

	12月31日終了の事業年度							
	2011		2010		2009		2008	
売上高	48,077	100.0	34,204	100.0	24,509	100.0	19,166	100.0
営業費用:								
売上原価	37,288	77.6	26,561	77.7	18,978	77.4	14,896	77.7
売上総利益	10,789	22.4	7,643	22.3	5,531	22.6	4,270	22.3
フルフィルメント	4,576	9.5	2,898	8.5	2,052	8.4	1,658	8.7
マーケティング	1,630	3.4	1,029	3.0	680	2.8	482	2.5
技術及びコンテンツ	2,909	6.1	1,734	5.1	1,240	5.1	1,033	5.4
一般管理費	658	1.4	470	1.4	328	1.3	279	1.5
その他の営業費用（収益)、純額	154	0.3	106	0.3	102	0.4	(24)	(0.1)
販売費及び一般管理費合計	9,927	20.6	6,237	18.2	4,402	18.0	3,428	17.9
営業利益	862	1.8	1,406	4.1	1,129	4.6	842	4.4
受取利息	61	0.1	51	0.1	37	0.2	83	0.4
支払利息	(65)	(0.1)	(39)	(0.1)	(34)	(0.1)	(71)	(0.4)
その他の収益（費用）(純額)	76	0.2	79	0.2	29	0.1	47	0.2
営業外収益（費用）合計	72	0.1	91	0.3	32	0.1	59	0.3
税引前利益	934	1.9	1,497	4.4	1,161	4.7	901	4.7
法人所得税	(291)	(0.6)	(352)	(1.0)	(253)	(1.0)	(247)	(1.3)
持分法投資利益（税引後）	(12)	0.0	7	0.0	(6)	0.0	(9)	0.0
純利益	631	1.3	1,152	3.4	902	3.7	645	3.4

出所：Amazon 10-Kをもとに著者作成

図表6-3　Amazonの連結貸借対照表

CONSOLIDATED BALANCE SHEETS
(in millions of US $)

ASSETS	December 31, 2011	December 31, 2010	LIABILITIES AND STOCKHOLDERS' EQUITY	December 31, 2011	December 31, 2010
Current assets:			Current liabilities:		
Cash and cash equivalents	5,269	3,777	Accounts payable	11,145	8,051
Marketable securities	4,307	4,985	Accrued expenses and other	3,751	2,321
Inventories	4,992	3,202	Total current liabilities	14,896	10,372
Accounts receivable, net and other	2,571	1,587	Long-term liabilities	2,625	1,561
Deferred tax assets	351	196	Stockholders' equity:		
Total current assets	17,490	13,747	Common stock, $0.01 par value: Authorized shares—5,000 Issued shares—473 and 468 Outstanding shares—455 and 451	5	5
Fixed assets, net	4,417	2,414	Treasury stock, at cost	(877)	(600)
Deferred tax assets	28	22	Additional paid-in capital	6,990	6,325
Goodwill	1,955	1,349	Accumulated other comprehensive income (loss)	(316)	(190)
Other assets	1,388	1,265			
Total assets	25,278	18,797	Retained earnings	1,955	1,324
			Total stockholders' equity	7,757	6,864
			Total liabilities and stockholders' equity	25,278	18,797

連結貸借対照表
(百万ドル)

総資産の部	12/31 2011	12/31 2010	負債及び株主資本の部	12/31 2011	12/31 2010
流動資産			流動負債		
現金及び現金同等物	5,269	3,777	買掛金	11,145	8,051
有価証券	4,307	4,985	未払費用等	3,751	2,321
棚卸資産	4,992	3,202	流動負債合計	14,896	10,372
売掛金(純額)その他	2,571	1,587	長期負債	2,625	1,561
繰延税金資産	351	196	株主資本: 普通株式(額面0.01ドル) 授権株式数—5,000 発行株式数—473株及び468株		
流動資産合計	17,490	13,747	流通株式数—455株及び451株	5	5
固定資産(純額)	4,417	2,414	自己株式(取得原価)	(877)	(600)
繰延税金資産	28	22	資本剰余金	6,990	6,325
のれん	1,955	1,349	その他包括利益の累計額	(316)	(190)
その他資産	1,388	1,265	利益剰余金	1,955	1,324
総資産合計	25,278	18,797	株主資本合計	7,757	6,864
			負債及び株主資本合計	25,278	18,797

出所:Amazon 10-K

もう1つ目立つのがGoodwill（のれん）19.5億ドルで、売掛金に匹敵する金額です。Appleではあまり見られなかった科目ですが、Amazonは成長の過程でM&Aも多用してきたことをうかがわせます。

　BSの右側はどうでしょう。
　まず、Total stockholders' equity（株主資本合計）が、右側全体（Total liabilities and stockholders' equityの合計、負債及び株主資本合計）の3割強です。日本企業や米国企業のおおよその平均である30％台後半に比べると、若干劣ります。
　7割弱を占める負債のほとんどは、Current liabilities（流動負債）であること、そしてその多くがAccounts payable（買掛金）であることもわかります。Accounts payableの値が、Additional paid-in capital（資本剰余金）やRetained earnings（利益剰余金）によって形成されているTotal stockholders' equityよりはるかに大きな値です。また、2011年はLong-term liabilities（長期負債）が一気に26億ドルまで増加しています。株主からのお金とサプライヤーへの支払サイトの長期化、それに今期急増した長期負債によって資金調達をまかなっているのが、右側からのBig Picture（大局観）です。

STEP 5 会計指標を分析する
Analyze the Financial Ratios of the Company

　では、AmazonのBig Picture（大局観）のイメージを持ったまま、分析（Why?）の領域に入っていきましょう。そのためのツールは、Financial Ratio Analysis（会計指標分析）です。
　図表6-4はAmazonの2010/2011年度の決算数値を用いて計算した各指標です。Asset Efficiency（資産効率性）の指標は、BSの数値を前年度との平均を用いて計算しています。

図表6-4 Amazonの会計指標一覧

Profitability	収益性	unit	Formula（数式）	2011	2010
Gross margin	売上高総利益率	%	Gross income ÷ Sales	22.4	22.3
SGA ratio	売上高販管費率	%	SGA ÷ Sales	20.6	18.2
Operating margin	売上高営業利益率	%	Operating income ÷ Sales	1.8	4.1
IBT margin	売上高税引前利益率	%	IBT ÷ Sales	1.9	4.4
Net margin	売上高純利益率	%	Net income ÷ Sales	1.3	3.4
Asset Efficiency	**資産効率性**				
Total assets turnover rate	総資産回転率	times	Sales ÷ Total assets	2.18	2.10
A/R turnover period	売上債権回転期間	days	A/R ÷ (Sales/365)	15.8	13.7
Inventory turnover period	棚卸資産回転期間	days	Inventory ÷ (COGS/365)	40.1	36.9
Fixed assets turnover rate	固定資産回転率	times	Sales ÷ Fixed assets	14.1	18.5
A/P turnover period	仕入債務回転期間	days	A/P ÷ (COGS/365)	94.0	93.8
Cash liquidity ratio	手元流動性比率	days	Cash ÷ (Sales/365)	69.6	80.7
Financial Soundness	**財務健全性**				
Current ratio	流動比率	%	Current assets ÷ Current liabilities	117.4	132.5
Quick ratio	当座比率	%	Quick assets ÷ Current liabilities	81.5	99.8
Fixed ratio	固定比率	%	Fixed assets ÷ Equity	100.4	73.6
Fixed assets to fixed liabilities and equity ratio	固定長期適合率	%	Fixed assets ÷ (Fixed liabilities and equity)	75.0	59.9
Interest coverage ratio	インタレスト・カバレッジ・レシオ（倍）	times	Operating profit ÷ Interest expenses	14.2	37.4
Equity ratio	株主資本比率	%	Equity ÷ Total assets	30.7	36.5
Debt-to-Equity ratio	DEレシオ（倍）	times	Debt ÷ Equity	0.18	0.09
Growth	**成長性**				
Sales growth	売上成長率	%	Yearly Growth Rate	40.6	39.6
Operating income growth	営業利益成長率	%	Yearly Growth Rate	-38.7	24.5
Net income growth	純利益成長率	%	Yearly Growth Rate	-45.2	27.7
Asset growth	資産成長率	%	Yearly Growth Rate	34.5	36.1
Inventory growth	棚卸資産成長率	%	Yearly Growth Rate	55.9	47.5
Fixed assets growth	有形固定資産成長率	%	Yearly Growth Rate	83.0	87.1
Debt growth	有利子負債成長率	%	Yearly Growth Rate	120.7	154.4
Equity growth	株主資本成長率	%	Yearly Growth Rate	13.0	30.6

出所：Amazon 10-Kをもとに著者作成

収益性指標を分析する

　最初の固まりにあるProfitability（収益性）は、すでにBig Pictureで見たとおりです。2010年度までは、まるで安定産業のようなブレないGross margin（総利益率）22％台、SGA ratio（販管費率）18％前後、Operating margin（営業利益率）4％台、Net margin（純利益率）3％台です。でも、Amazonは日本の鉄道や通信のような安定産業ではありません。それは1番下の固まりにあるGrowth（成長性）指標を見ると、売上も資産も軒並み数十％の成長をとげていることから明らかです。

　Amazonは急成長企業であり、商品ラインも、事業領域も、そしてサービスを提供する国や地域も急速に拡大しています。にもかかわらず、PL上のすべての利益率が1％内のブレしか起こしていなかったことは、驚くべき事実です。それだけ販売もコストも緻密な管理ができている証です。同時に、それらの数値を目標としながら、柔軟な価格設定やプロモーションを行えるほどの、圧倒的な優位性を築いているという見方もできるでしょう。なお、2011年度に大幅に減益する理由は、後のSG&A（販管費）のところで考えてみましょう。

　それでも、そうした優位性があるのなら、Gross margin（総利益率）22％台、Operating margin（営業利益率）4％台というのはいささか低すぎないか、とも思えてきます。H&Mやファーストリテイリングのような SPA（Specialty store retailer of Private label Apparel＝製造小売業）モデルではないので、50％や60％のGross marginは無理でも、せめてセブン＆アイ ホールディングスやしまむら並みの30％強には乗らないものでしょうか？　これを理解するため、Amazonが投資家向け説明会などで多用している1枚の絵を紹介しましょう。

　図表6-5は、Jeff Bezos氏が創業前に描いたAmazonの事業モデルの原形と言われているものです。

　中心にGrowth（成長）戦略を描き、成長することでスケールメリットによ

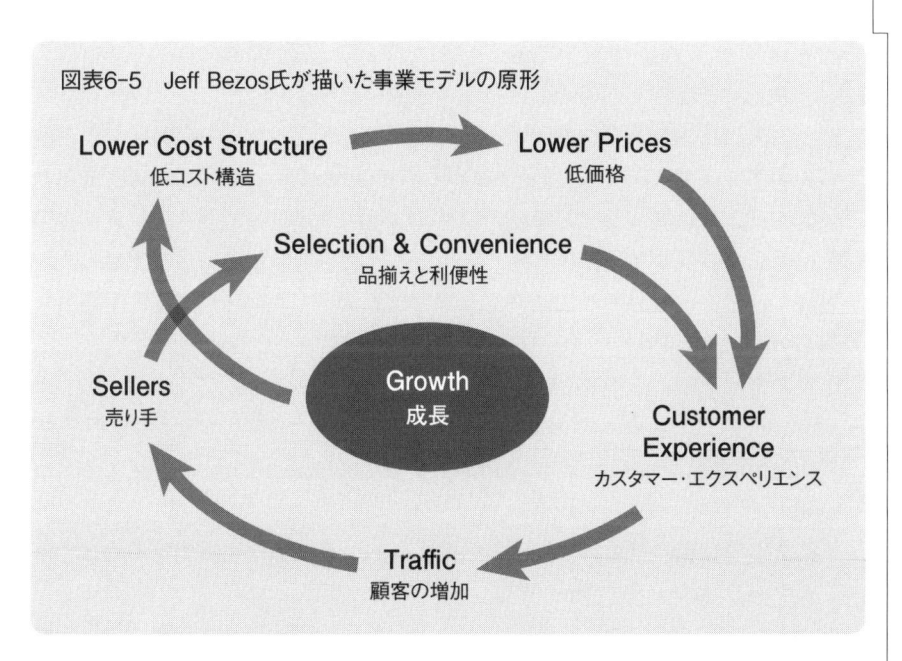

図表6-5　Jeff Bezos氏が描いた事業モデルの原形

- Lower Cost Structure 低コスト構造
- Lower Prices 低価格
- Selection & Convenience 品揃えと利便性
- Sellers 売り手
- Growth 成長
- Customer Experience カスタマー・エクスペリエンス
- Traffic 顧客の増加

　るLower Cost Structure（低コスト構造）の実現を目指します。それによって顧客に対するLower prices（低価格）を提供すれば、顧客はますますAmazonを体験したくなる（Customer experience）というのです。

　そしてTraffic（顧客によるアクセス）は増加の一途をたどるため、あらゆる商品のSellers（サプライヤー）はAmazonで多くの商品を販売したくなります。それがSelection & Convenience（品揃えと利便性）に結びつくので、顧客はますますAmazonを体験したくなる（Customer experience）としています。

　Bezos氏が創業前に描いたこのビジョンが、紆余曲折はあっても、結果的にほぼそのとおりに発展したことを振り返れば、インターネット社会の動向を予見する彼の洞察眼を認めずにはいられません。

　力強い成長力による単位当たり固定費の低減は確かに謳われています（Lower Cost Structure）。この点からすれば、Amazonの利益率は成長に従って、

もっと改善してもよいものです。でも、同時に顧客獲得の源泉の1つは、Lower Pricesの提供だということも明言しています。

考えてみれば、Amazonで販売している多くの商品は、どこの書店や小売店でも入手できるものです。H&Mと違って自社オリジナル商品は非常に限られています。となれば、顧客の最終判断基準は価格です。もちろん、リアルな店舗を上回る利便性やサービスを伴った上での低価格でなくてはなりません。

最近でこそあまり高らかに謳わなくなったものの、**Amazonは基本戦略としてEveryday Low Pricing（EDLP）を置いています**。2009年の同社の定時株主総会の資料でも、次の1文をスライド1枚に大きく映し出しています。

> **Our pricing strategy is to offer low prices across our entire product range.**
> **私たちの価格戦略は、すべての品揃えにおいて低価格で提供することです。**

Amazonは高い成長力によって、サプライヤーとの交渉力は確実に強化されてきているはずです。にもかかわらずGross margin（売上高総利益率）が上がっていないということは、その交渉力による原価低減は、すべて低価格やサービスの充実といったかたちで顧客メリットに還元されていることになります。

これこそは、まさにAmazonが企業ゴールとして掲げている、Earth's most customer-centric company（地球上でもっともお客様を大切にする企業）と一貫したものと評価できるでしょう。顧客メリットをゴールの中心に置き、メリットの重要な1つは低価格の提供と定めている以上、Amazonは力強い成長こそすれど、利益率は必ずしもグングン上がることはないのです。この低い利益率こそが、Amazonの経営戦略であり、成長の原動力なのです。

2008〜2010年度のSGA ratio（販管費率）18%前後はどうでしょう。拙著『戦略思考で読み解く経営分析入門』（ダイヤモンド社）によると、国内小売業のSGA ratioは30%程度です。第1章で紹介した複数の小売業者のなかでも、同

比率で20%を切っているのはWalmartだけです（38ページ図表1-7）。WalmartのGross margin（売上高総利益率）もそれら小売業者のなかではもっとも低い25%です。そしてじつは、Walmartの基本戦略こそがEDLPなのです。

　Walmartはリアルな店舗を保有する小売業世界No.1、Amazonはインターネット店舗の小売業世界No.1と、店舗展開の手法はまったく異なります。それでも、両社の基本戦略がEDLPである以上、PL上の利益構造は似通った構造を示すことになるのです。

　SG&A（販管費）は中身を見ることで、その企業のモノの売り方が読めるものです。小売業の3大販管費は、人件費、家賃、広告宣伝費ですが、Amazonはどうでしょう。残念ながらAmazonのSG&Aは、人件費や家賃といった仕訳の勘定科目ではなく、Fulfillment（フルフィルメント。商品の受注から入金管理までのオペレーション全般）やMarketing（マーケティング）といった業務機能別の開示になっています。

　AmazonのPLの動きと同様に、2008～2010年度のSG&Aの中身も、8%台のFulfillment、3%前後のMarketing、5%台のTechnology and content（技術とコンテンツ）、そして1%台のGeneral and administrative（一般管理費）と、3ヵ年にわたって安定推移しています。

　もっとも大きなFulfillmentについては、2011年度のアニュアルレポートに「北米に2,636万平方フィート、北米外に1,769万平方フィート、合計4,405万平方フィートのFulfillment and warehouse（フルフィルメントと倉庫）のための施設をリース保有している」とあります。

　東京ドーム88個分の巨大な施設です。そこで働く多くの人員の人件費、パッケージコスト、入出荷の物流コスト、支払い手続き作業など、Amazonの優位なサービスを支える黒子の作業のためのコストがここに含まれています。リアルな店舗を持たない代わりに発生するコストと言うこともできます。1,000円の書籍を購入してもらうと、そのうちの80円は黒子のFulfilment作業に費やすというイメージです。

Fulfillmentのなかには、パッケージコストや支払い手続きなど、Variable cost（変動費）的なものもあれば、Fulfillment centerのリース料など、Fixed cost（固定費）的なものもあります。需要予測が難しい環境下にありながら、売上成長に見事にマッチした安定的なFulfillment costへの投資を行っていることは、改めて驚きです。

　Marketingには、紹介プログラム、検索エンジン広告、ポータル広告、E-mailマーケティング、テレビ広告などの費用が含まれています。Amazonのアニュアルレポートでは「Our marketing expenses are largely variable」（マーケティング費用は、おおむね変動費）と説明しています。売上のたった3％しかかかっていないマーケティング・コストです。リアルな店舗を保有しないことは、人件費や家賃を節約できるだけでなく、マーケティング・コストすら効果的に投資できるということを実証した姿と言えるのではないでしょうか。Amazonの基本戦略がEDLP、つまり他より安いということなので、それが浸透すれば、過度のマーケティングはしなくても顧客は集まるのです。

　なお、顧客への配送料無料は大切なマーケティング手段ですが、それはAmazonが負担することになります。こうした配送料はSG&A（販管費）のなかではMarketingとしてではなく、先のFulfillmentのなかに織り込んで計上されています。配送料が無料だからAmazonで本を買うという顧客が多いであろうことを考えれば、マーケティングのためのコストは実際はもう少しかかっていると見ることもできます。

　Technology and content（技術とコンテンツ）は、まさに技術開発のコストで、大部分は北米で発生しているものです。資産計上されたソフトウェアの償却はこのなかに含まれます。3つの主要顧客のうち、Enterprise（企業や組織）に対してサーバーを貸与するAmazon Web Services（AWS）に関する費用も、ここに含まれています。

　2008〜2010年度までは、とても安定した利益率で推移したAmazonのPLですが、2011年度は前年度比で4割近い営業減益です。売上高総利益率はこれ

までどおり22%台を維持しているので、販管費が一気に膨らんだことがその要因です。なかでも、FulfillmentとTechnology and contentが売上に比べても大きく増加しています。

　2011年度だけで世界の物流拠点を17ヵ所も増やした（前年度比33%増）ことや、11月に発売したKindle Fire（Amazon初のカラー版の電子書籍リーダー）の販売が好調だったことは、Fulfillment費用を押し上げた大きな要因です。

　総従業員数もこの1年で5万6,000人（前年度比67%増）まで一気に増加しています。売上規模はH&Mのざっと3倍もありながら、従業員数はH&Mの6万4,000人より少ないのだから、これぞインターネット企業の優位性と言うことができます。と同時に、いくら店舗を持たない小売業であっても、5万6,000人もの従業員を抱えているのだということも改めての発見です。これらの従業員は、その職責によって、Fulfillment、Marketing、Technology and content、General and administrativeの中にそれぞれ振り向けられています。

　Technology and contentへの投資が拡大したことについては、2011年度の10-Kのなかでも、今後も継続して投資を拡大していくことを明言しています（Spending in technology and content significantly increased in 2011, and we expect this trend to continue over time as we invest in these areas by adding technology infrastructure and increasing payroll and related expenses.）。

資産効率性指標を分析する

　資産効率性指標を俯瞰するTotal assets turnover rate（総資産回転率）は2.18倍と、とても高い値です。保有する資産の2倍の売上を稼いでいるということです。

　製造業と違って、小売業は自ら工場を持つことはなく、店舗は賃借するのが一般的なので、有形固定資産は小さくなりがちです。それでも、商品の在庫は

持たなくてはならないし、店舗を借りる際の敷金・保証金の差入額は相応に発生します。Amazonには店舗はないので差入保証金は少ないにしても、2倍を超える総資産回転率は、分母の資産がとてもスリム化できていることと、分子の売上が急速に拡大していることの両方から成立しているのです。

　A/R turnover period（売上債権回転期間）が15.8日と少ないのは、小売業なので自明です。クレジットカード会社を中心にして、平均2週間程度で入金を受けていることを示しています。ただし、Amazonは12月のクリスマス商戦がもっとも売上の伸びる時期ということを忘れてはいけません。こうした季節性（Seasonality）のある企業を特定の瞬間で見るときは要注意です。12月はいつもより売上の大きい時期⇒売掛金の大きい時期であることを考慮すると、実際には15.8日より早く売掛金の回収ができていることになります。

　Inventory turnover period（棚卸資産回転期間）の40.1日から、在庫は1ヵ月強の販売量を保有していることになります。クリスマス商戦が終わった後の在庫なので、Accounts receivable（売掛金）と違って、過剰に計上されているとは考えなくてよいでしょう。Amazonの2011年度の10-Kでも、年間を通じたInventory turnoverは10回と記されています。365日÷10回＝36.5日なので、Amazon自身も約1ヵ月強と認識しているようです。

　売れ筋商品とロングテール商品（長期にわたってじっくりと売れている商品）の在庫保有のバランスを巧みにとりながら、見事1ヵ月強の在庫水準に抑えています。先の需要予測の正確性は、PL上の利益率が安定推移しているだけではなく、1ヵ月強にコントロールされた緻密な在庫管理の数値としても表れています。AmazonのAssets（資産）が小売業のなかでもとても少なく映る（Total assets turnover rateが2.18倍）のは、こうした在庫管理があってこその現象なのです。

　これに比べると、A/P turnover period（仕入債務回転期間）が94.0日というのは、とてもゆっくりした支払いサイトに映ります。「うちは企業力が強いから、早く払うので安くして」か「うちは企業力が強いから、ゆっくり払うよ」

の選択において、明らかにAmazonは後者を取っているようです（参考までに日本のヤマダ電機は前者を選択しています）。
　10-Kでも次のように明言しています。

　　We generally have payment terms with our vendors that extend beyond the amount of time necessary to collect proceeds from our customers.
　　顧客からの資金回収に要する期間を上回る、サプライヤーへの支払条件を保有している。

　12月のクリスマス商戦に向けて、多くの商品を仕入れた直後なので、やはりAccounts payable（買掛金）が年間平均より多めに計上されているだろうことは要注意です。10-Kでは、2011年度のAccounts payable days（買掛金の支払日数）は74日と記されています。いずれにしても在庫は1ヵ月強の保有に対して、その2倍の約2.5ヵ月は支払わないということです。
　Fixed assets turnover rate（固定資産回転率）14.1倍はどうでしょう。保有する固定資産の14.1倍に相当する売上があるというのです。日本会計基準でも米国会計基準でも、Tangible fixed assets（有形固定資産）とIntangible fixed assets（無形固定資産）を分けて記すのが一般的です。ところが米国基準では、日本基準ほどそれが明確に義務化されていません。結果として、Tangible fixed assetsをあまり保有しないAmazonは、すべてまとめてFixed assets（固定資産）としてしまっているわけです。
　10-Kで開示されているAmazonのFixed assetsの明細も、先のSG&A（販管費）と同じく、勘定科目別でなく業務機能別になっています（次ページの図表6-6）。
　Gross（取得金額）ベースでもっとも大きな額は、Technology infrastructure（技術インフラストラクチャ）の25.7億ドルです。続いて、Fulfillment and customer service（フルフィルメントと顧客サービス）の16.3億ドル、Other corporate assets（その他会社資産）の8.3億ドルと続きます。

図表6-6　Amazonの固定資産の明細

in millions of US $（百万円）	December 31,		
	2011	2010	2009
Gross fixed assets: 固定資産総額			
Fulfillment and customer service フルフィルメント及び顧客サービス	1,633	775	551
Technology infrastructure 技術インフラストラクチャ	2,573	1,192	551
Internal-use software, content, and website development 内部使用ソフトウェア、コンテンツ及びウェブサイト開発	643	487	398
Other corporate assets その他の会社資産	831	418	137
Construction in progress 建設仮勘定	106	384	278
Gross fixed assets 　固定資産取得価額	5,786	3,256	1,915
Accumulated Depreciation: 減価償却累計額			
Fulfillment and customer service フルフィルメント及び顧客サービス	364	211	202
Technology infrastructure 技術インフラストラクチャ	610	316	178
Internal-use software, content, and website development 内部使用ソフトウェア、コンテンツ及びウェブサイト開発	294	255	207
Other corporate assets その他の会社資産	101	60	38
Total accumulated depreciation 　減価償却費累計総額	1,369	842	625
Total fixed assets, net 　固定資産合計（純額）	4,417	2,414	1,290

出所: Amazon 10-K

　Gross（総額）の57.8億ドルに対して、減価償却費等を差し引いたNet（純額）では44.1億ドルです。減価償却の進捗度は2割強なので、Amazonの固定資産が比較的新しい投資から形成されていることもわかります。
　それでも取得額57.8億ドルは、1ドル80円で換算すれば4,624億円です。そ

の10倍以上の売上を達成していることからすれば、直近の急激な増加は見られるものの、Amazonの投資規模は十分抑えられたものと言えるでしょう。減価償却の期間については、Internal-use softwareは2年、Technology infrastructureは3年、Furniture and fixtures（家具及び什器）は5年、それ以外の重い資産については10年で、それぞれ定額法で償却しています。全般に比較的短めの耐用年数に映ります。

　ここまで見たように、Amazonは小売業としての素早い現金回収、1ヵ月強に抑えた徹底した在庫管理、在庫が売れるまで払わないという支払サイトの長期化、そしてネット上のバーチャルカンパニーとして固定資産投資を抑制しています。これらすべては、手元により多くのキャッシュを残すことにつながるものです。結果としてAmazonは95.7億ドル（約7,600億円）のキャッシュリッチカンパニーとなるのです。
　1つだけ注意点を挙げると、12月はクリスマス商戦でたくさん稼いだ直後の決算だということです。BSの右側で12月は買掛金がとくに多くなるということは、それだけ左側で現金が多くなることを意味します。95.7億ドルのCashはありますが、それはAccounts payable（買掛金）の111.4億ドルと相殺できるほど、じつは支払いが遅いことに由来しています。実際に2011年の第1四半期（3月末）、第2四半期（6月末）、第3四半期（9月末）のBS上では、AmazonのCashもAccounts payableも、もっと少ない値になっています。

財務健全性指標を分析する

　Amazonの安全性指標は、次ページの図表6-7からわかるように、一般的な優良ベンチマークをおおむねすべて上回っています。同社の財務健全性は良好とみてよいでしょう。
　優れた安全性指標の最大の要因は、Amazonが競争優位性を発揮し、高い成

図表6-7　Amazonの安全性指標

Ratios (指標)	優良ベンチマーク	2011	2010
Current ratio 流動比率	120%以上	117.4%	132.5%
Quick ratio 当座比率	80%以上	81.5%	99.8%
Fixed ratio 固定比率	100%以下	100.4%	73.6%
Fixed assets to fixed liabilities and equity ratio 固定長期適合率	100%以下	75.0%	59.9%
Interest coverage ratio インタレスト・カバレッジ・レシオ	10倍以上	14.2倍	37.4倍
Equity ratio 株主資本比率	日米平均は40％弱	30.7%	36.5%
Debt-to-Equity ratio DEレシオ	小さいほうが借金負担は少ない	0.18倍	0.09倍

出所：Amazon 10-Kをもとに著者作成

長力と収益性を実現してきたことにほかなりません。それによって、取引先に対する交渉力を強めるなどで、運転資金サイクルの短縮化（売掛早期回収、棚卸資産圧縮、買掛金支払長期化）が実現されています。固定資産への投資も、成長力によって十分吸収できるだけの規模に抑え込んでいます。結果として、Debt（有利子負債）も極少化でき、安全性の優れた企業として映し出されています。

　じつはAmazonは、2004年までCapital deficit（債務超過）企業でした。それは第3章で解説したBlockbusterと同じく、何年にもわたって巨額の赤字を計上し続けたからにほかなりません。

　それでもAmazonが破綻しなかったのは、赤字を計上し続けるほどの大きな投資が、顧客層の拡大、売上の成長に着実に結びついていったからです。Amazonがネット販売のde-facto standardになったときには、それらの投資を十分回収できるだけの売上規模を実現できたのです。

これもまた、AmazonのゴールがEarth's most customer-centric company（地球上でもっともお客様を大切にする企業）であるからこそ、成しえた業（わざ）なのでしょう。短期的な利益を見せるのでなく、顧客にとっての価値を長期的な視座から追求し続けたのです。利便性や品揃えを充実させるために必要な投資を継続すれば、必ずやいつか投資を上回る売上に到達する、すなわち黒字企業になるという信念です。

　この考えについて、Amazon自身が2010年度のアニュアルレポートで次のように述べています。

　We have unshakable conviction that the long-term interests of shareowners are perfectly aligned with the interests of customers.
　私たちはゆるぎない確信を持っています。株主に長期にわたって貢献していくことと、顧客に長期にわたって貢献していくことは、パーフェクトに合致するのだということを。

STEP 6 「百分率財務諸表」をチェックする
Check Common-Size Financial Statements

　Common-Size Financial Statements（百分率財務諸表）は、多分にFinancial Ratio Analysis（会計指標分析）と重なるところがあります。Common-Size Income Statement（百分率損益計算書）は、先に記載したAmazonのPL上ですでに実行済みです。売上を100として、すべての費用や利益を百分率で表したものです。では、Common-Size Balance Sheet（百分率貸借対照表）はどうでしょう。

　先の4つめの手順の「Read the Financial Statements with a Big Picture and Prioritization」（大局観と優先順位を持って決算書を読む）で概観したことが、

改めて確認できます。

　左側のAssets（総資産）は、全体100に対してCurrent assets（流動資産）が70、Non-current assets（固定資産）が30です。Currentのなかでは、実質キャッシュと言えるCash and cash equivalents（現金及び現金同等物）とMarketable securities（有価証券）を足すと37.9です。保有資産のほぼ4割はキャッシュです。

　キャッシュリッチカンパニーというのは、①儲かっていて、②大きな投資を必要としない、という2つの条件がないと成立しません。Inventories（棚卸資産）19.7、Accounts receivable（売掛金）10.2、Fixed assets（固定資産）17.5と、どれもCashに比べれば大きな数値には見えません。ただし、どれも2010年度よりは、BS上で大きな構成比となってきています（キャッシュの比率は相対的に下がっている）。

　また、Common-Size BSを描くことで、会計指標の計算からはつかめなかったGoodwill（のれん）7.7もわかります。AmazonはOrganic growth（有機的成長）に加えて、M&Aも積極的に行ってきたことが確認できます。

　BSの右側ではTotal stockholders' equity（株主資本合計）が30.7なので、Liabilities（負債）は69.3となります。

　一般に、Stockholders' equityの大きな企業はRetained earnings（利益剰余金）が膨らみ、Liabilities（負債）が大きな企業はDebt（有利子負債）が膨らんでいる姿がよく見られます。でもAmazonのStockholders' equityでもっとも大きいのはAdditional-paid in capital（資本剰余金）27.7です。Liabilitiesでもっとも大きいのはAccounts payable（買掛金）44.1です。

　Accounts payableについては、先の指標分析で触れたのでよいでしょう。

　Additional-paid in capitalは日本語に訳せば「資本剰余金」です。**日本では時価発行で調達した資本のうち、最低半分は資本金に算入し、残りの半分は資本金でも資本剰余金でもよしとされています。しかし、米国会計基準では、額面**

図表6-8 Amazonの百分率貸借対照表

ASSETS 総資産	December 31, 2011	December 31, 2010	LIABILITIES AND STOCKHOLDERS' EQUITY 負債及び株主資本	December 31, 2011	December 31, 2010
Current assets: 流動資産			Current liabilities: 流動負債		
Cash and cash equivalents 現金及び現金同等物	20.8	20.1	Accounts payable 買掛金	44.1	42.8
Marketable securities 有価証券	17.0	26.5	Accrued expenses and other 未払費用及びその他	14.8	12.3
Inventories 棚卸資産	19.7	17.0	Total current liabilities 流動負債合計	58.9	55.2
Accounts receivable, net and other 売掛金（純額）その他	10.2	8.4	Long-term liabilities 長期負債	10.4	8.3
Deferred tax assets 繰延税金資産	1.4	1.0	Stockholders' equity: 株主資本：		
Total current assets 流動資産合計	69.2	73.1	Common stock, $0.01 par value: 普通株式（額面0.01ドル）		
Fixed assets, net 固定資産（純額）	17.5	12.8	Authorized shares—5,000 授権株式数—5,000 Issued shares—473 and 468 発行株式数—473株及び468株		
Deferred tax assets 繰延税金資産	0.1	0.1	Outstanding shares—455 and 451 流通株式数—455株及び451株	0.0	0.0
Goodwill のれん	7.7	7.2	Treasury stock, at cost 自己株式（取得原価）	-3.5	-3.2
Other assets その他資産	5.5	6.7	Additional paid-in capital 資本剰余金	27.7	33.6
Total assets 総資産合計	100.0	100.0	Accumulated other comprehensive income (loss) その他の包括利益累計額	-1.3	-1.0
			Retained earnings 利益剰余金	7.7	7.0
			Total stockholders' equity 株主資本合計	30.7	36.5
			Total liabilities and stockholders' equity 負債及び株主資本合計	100.0	100.0

出所：Amazon 10-Kをもとに著者作成

(Par value)がある場合は額面に相当する金額のみをCommon stock（資本金）に算入し、それ以外はAdditional-paid in capitalに算入します。

　Amazonが上場や増資に成功してきたことにほかならないのですが、それがCommon stockではなく、Additional paid-in capitalの数値として表れていることに注意しましょう。

STEP 7 キャッシュフロー計算書を読む
Read the Cash Flow Statement

　Amazonは2011年の10-Kで、キャッシュフローを重視した経営について、次のように記しています。

　　Our financial focus is on long-term, sustainable growth in free cash flow per share. Free cash flow is driven primarily by increasing operating income and efficiently managing working capital and capital expenditures.
　　私たちの財務目標は、長期的かつ持続的な1株当たりフリーキャッシュフロー（FCF）の成長にあります。FCFを高めるには、営業利益の向上や、運転資金（Working capital）と資本的支出（Capital expenditures）の効率的なマネジメントが不可欠です。

　ここまでの説明で、①Amazonの利益が成長していること、②在庫コントロールと支払長期化で運転資金からCashを創出していること、そして③ネット上の小売業として固定資産への投資も限定的であること、を見てきました。じつは、これらのすべては、AmazonのFCFの成長に結びつくものです（図表6-9）。
　10-Kのなかでは、米国会計基準のほとんどの企業が、財務3表は「PL ⇒ BS ⇒ CF」の順に表記します。これまで見てきたAppleもWalt Disneyもそうなっ

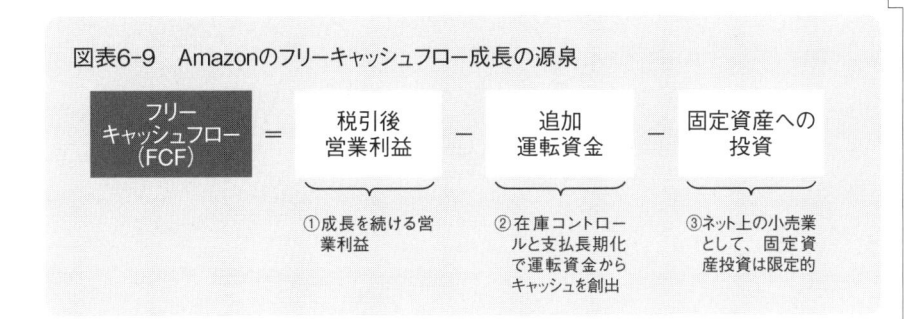

図表6-9　Amazonのフリーキャッシュフロー成長の源泉

フリーキャッシュフロー（FCF）＝税引後営業利益 − 追加運転資金 − 固定資産への投資

①成長を続ける営業利益
②在庫コントロールと支払長期化で運転資金からキャッシュを創出
③ネット上の小売業として、固定資産投資は限定的

ています。ところがAmazonはCFがもっとも重要だと明言しています。それに沿うようにAmazonの10-Kは「CF ⇒ PL ⇒ BS」の順に記されています。

　CF計算書の3ヵ年の推移を見ると、本業から稼ぎ出すOperating activities（営業CF）は成長を続ける一方、Investing activities（投資CF）のなかでも、Purchases of fixed assets, including internal-use software and website development（固定資産の購入額、内部使用のソフトウェア及びウェブサイト開発を含む）のマイナスの値も上昇を続けています。これらに比べると、Financing activities（財務CF）は、数値も小さいし、プラスになったりマイナスになったりするなど、あまり規則的ではありません。Dividend（配当金）の言葉が財務CFにないことから、Apple同様に配当金は支払っていないこともわかります。また、2011年には、2.7億ドルのCommon stock repurchased（自己株式取得）を行っています。

　営業CFは間接法で表記するので、トップのNet income（純利益）からスタートして、PLとキャッシュがズレているところを1つずつ修正していきます。Amazonが運転資金からキャッシュを上手に生み出していることがクリアに読みとれます。2011年度を例にとると、631百万ドルのNet incomeに対して、4つの主要な運転資金（棚卸資産、売掛金、買掛金、未払費用他）は、244ページの図表6-11のように調整がされています。

図表6-10　Amazonのキャッシュフロー計算書

CONSOLIDATED STATEMENTS OF CASH FLOWS
(in millions of US $)

	Year Ended December 31,		
	2011	2010	2009
CASH AND CASH EQUIVALENTS, BEGINNING OF PERIOD	3,777	3,444	2,769
OPERATING ACTIVITIES:			
Net income	631	1,152	902
Adjustments to reconcile net income to net cash from operating activities:			
Depreciation of fixed assets, including internal-use software and website development, and other amortization	1,083	568	378
Stock-based compensation	557	424	341
Other operating expense (income), net	154	106	103
Losses (gains) on sales of marketable securities, net	(4)	(2)	(4)
Other expense (income), net	(56)	(79)	(15)
Deferred income taxes	136	4	81
Excess tax benefits from stock-based compensation	(62)	(259)	(105)
Changes in operating assets and liabilities:			
Inventories	(1,777)	(1,019)	(531)
Accounts receivable, net and other	(866)	(295)	(481)
Accounts payable	2,997	2,373	1,859
Accrued expenses and other	1,067	740	300
Additions to unearned revenue	1,064	687	1,054
Amortization of previously unearned revenue	(1,021)	(905)	(589)
Net cash provided by (used in) operating activities	3,903	3,495	3,293

	Year Ended December 31,		
	2011	2010	2009
INVESTING ACTIVITIES:			
Purchases of fixed assets, including internal-use software and website development	(1,811)	(979)	(373)
Acquisitions, net of cash acquired, and other	(705)	(352)	(40)
Sales and maturities of marketable securities and other investments	6,843	4,250	1,966
Purchases of marketable securities and other investments	(6,257)	(6,279)	(3,890)
Net cash provided by (used in) investing activities	(1,930)	(3,360)	(2,337)
FINANCING ACTIVITIES:			
Excess tax benefits from stock-based compensation	62	259	105
Common stock repurchased	(277)	—	—
Proceeds from long-term debt and other	177	143	87
Repayments of long-term debt and of capital and financing leases	(444)	(221)	(472)
Net cash provided by (used in) financing activities	(482)	181	(280)
Foreign-currency effect on cash and cash equivalents	1	17	(1)
Net increase in cash and cash equivalents	1,492	333	675
CASH AND CASH EQUIVALENTS, END OF PERIOD	5,269	3,777	3,444

出所: Amazon 10-K

連結キャッシュフロー計算書
(百万ドル)

	12月31日を期末日とする年度		
	2011	2010	2009
現金及び現金同等物、期首	3,777	3,444	2,769
営業活動によるキャッシュフロー			
純利益	631	1,152	902
営業活動における純利益から純現金収支への調整：			
固定資産の減価償却（内部使用のソフトウェア及びウェブサイト開発、及びその他償却を含む）	1,083	568	378
株式による報酬	557	424	341
その他営業費用（収益）（純額）	154	106	103
有価証券の売却損失（利益）（純額）	(4)	(2)	(4)
その他費用（収益）（純額）	(56)	(79)	(15)
繰延税金資産	136	4	81
株式報酬からの税務便益	(62)	(259)	(105)
運転資金の変化：			
棚卸資産	(1,777)	(1,019)	(531)
売掛金（純額）及びその他流動資産	(866)	(295)	(481)
買掛金	2,997	2,373	1,859
未払費用及びその他負債	1,067	740	300
前受収益の増加	1,064	687	1,054
前受収益の償却	(1,021)	(905)	(589)
営業活動によるキャッシュフロー	3,903	3,495	3,293

	12月31日を期末日とする年度		
	2011	2010	2009
投資活動によるキャッシュフロー			
固定資産の購入（内部使用のソフトウェア及びウェブサイト開発を含む）	(1,811)	(979)	(373)
企業買収、正味現金取得額	(705)	(352)	(40)
有価証券等の売却・満期償還	6,843	4,250	1,966
有価証券等の購入	(6,257)	(6,279)	(3,890)
投資活動によるキャッシュフロー	(1,930)	(3,360)	(2,337)
財務活動によるキャッシュフロー			
株式報酬からの税務便益	62	259	105
自己株式取得	(277)	—	—
長期債務及びその他による調達	177	143	87
長期債務、キャピタル・ファイナンスリースの返済	(444)	(221)	(472)
財務活動によるキャッシュフロー	(482)	181	(280)
現金及び現金同等物への外国為替の影響	1	17	(1)
現金及び現金同等物の純増減額	1,492	333	675
現金及び現金同等物の期末残高	5,269	3,777	3,444

出所: Amazon 10-K

運転資金から、正味14.2億ドルの現金を生み出したというのです。これは、投資CFにある固定資産（内部使用のソフトウェアとウェブサイト開発を含む）の購入（Purchases of fixed assets, including internal-use software and website development）18.1億ドルにも匹敵する巨額です。

つまり、在庫コントロールや支払長期化によって手元に残したキャッシュで、急増する固定資産への投資がほとんどできてしまったというのです。それくらい、運転資金のマネジメントが徹底していることになります。それをわかりやすく伝える上で、AmazonにとってFCFは、もっとも使い勝手のよい経営指標なのでしょう。

なお、投資CFの中身を見ると、Purchases of fixed assets, including internal-use software and website development（固定資産の購入）より Purchases of marketable securities and other investments（有価証券等の購入）のほうが大きなマイナスの値となっています。Appleにも同じ現象が見られましたが、これは言わば余剰資金の運用の一種にすぎないものです。投資CFには、企業活動の分析上はあまり大切とも思えない、こうした余剰資金の運用活動も含まれます。

Amazon自身も、自社のFCFを語る際には、こうした投資活動は除いている

図表6-11　主な運転資金の変化

	December 31, 2011
Inventories 棚卸資産	(1,777)
Accounts receivable, net and other 売掛金（純額）及びその他流動資産	(866)
Accounts payable 買掛金	2,997
Accrued expenses and other 支払費用他	1,067
Change in net working capital 運転資金の変化	1,421 百万ドル

出所: Amazon 10-K

ので、それは次の% Change Calculationで紹介することにしましょう。

STEP 8 「成長率計算」で成長スピードを測る
Measure Growth with % Change Calculation

　次ページの図表6-12は、Amazonの2006年12月期の数値を100として、2011年度までの推移を表した% Change Calculation（成長率計算）です。
　PLについては、売上が2006年から2011年の5年度で449まで成長しています。Appleが同じ5年度で560まで成長していたので、Appleには劣りますが、それでもすごい成長率です。「(449 ÷ 100)$^{(1/5)}$ − 1」によって、5年間の年平均成長率は35%です。それに対してIncome from operations（営業利益）は増益が続いた2010年度でも361までの成長なので、売上と利益の成長に大きな乖離がない点は、Appleとは異なります。言い換えるとOperating margin（営業利益率）はAppleのような飛躍的な上昇は見せていないということです。これは先に見た、Amazonの徹底したEDLP戦略と合致しています。
　それでも、2010年度のNet income（純利益）は606、EPS（1株当たり純利益）も560台と、営業利益に比べると大きく伸びてきました。営業利益は売上並みの成長なのに、純利益は売上成長を大きく上回る伸びを見せたことについて、どんな仮説が立つでしょうか。営業利益と純利益の間にある大きなマイナス項目が減ったということになります。影響の大きな項目で最初に思いつくのは、支払利息です。
　そこで今度は、BSの% Change Calculationを見てみましょう。
　2011年度のすべての数値が2006年度の100より大きくなっているなかで、唯一数値が100からだんだんと小さくなっているものがあります。Long-term debt（長期借入金）です。2011年度末の残高は、2006年度のわずか20%です。借入金が堅実に返済されている要因は、売上や利益の成長によってRetained earnings（利益剰余金）をしっかり積み上げてきたことにほかなりません。

図表6-12 Amazonの成長率計算

		2011	2010	2009	2008	2007	2006
Income Statement:							
Net sales	売上高	449	319	229	179	139	100
Income from operations	営業利益	222	361	290	216	168	100
Net income	純利益	332	606	475	339	251	100
Basic earnings per share	EPS（基本）	302	561	452	330	250	100
Diluted earnings per share	EPS（希薄化後）	304	562	453	331	249	100
Weighted average shares used in computation of earnings per share:	発行株式数						
Basic	（基本）	109	107	104	102	99	100
Diluted	（希薄化後）	109	108	104	102	100	100
Balance Sheet:							
Total assets	総資産	579	431	317	191	149	100
Cash and cash equivalents	現金及び現金同等物	516	370	337	271	248	100
Marketable securities	有価証券	432	500	293	96	57	100
Inventories	棚卸資産	569	365	248	160	137	100
Accounts receivable, net and other	売掛金等	644	398	248	207	177	100
Total current assets	流動資産合計	519	408	290	183	153	100
Fixed assets, net	固定資産	967	528	282	187	119	100
Goodwill	のれん	1,003	692	633	225	114	100
Accounts payable	買掛金	614	443	309	198	154	100
Accrued expenses and other	未払費用	524	324	246	161	126	100
Total current liabilities	流動負債合計	588	410	291	187	147	100
Long-term debt	長期借入金	20	15	9	33	103	100
Common stock	資本金	125	125	125	100	100	100
Treasure stock, at cost	自己株式	348	238	238	238	198	100
Additional paid-in capital	資本剰余金	278	251	228	164	122	100
Accumulated other comprehensive income (loss)	その他包括的利益の累積額						
Retained earnings	利益剰余金	-	-	-	-	-	-
Total stockholders' equity	株主資本合計	1,800	1,593	1,220	620	278	100
Cash Flow Statement:							
Net cash provided by operating activities	営業活動で増加した正味現金	556	498	469	242	200	100
Purchases of fixed assets, including internal-use software and website development	固定資産の購入（内部使用のソフトウェア及びウェブサイト開発を含む）	838	453	173	154	104	100
Free cash flow	フリーキャッシュフロー	430	518	601	281	243	100

出所：Amazon 10-Kをもとに著者作成

同社のRetained earningsは、じつは2008年度まではマイナスの値でした（2006年度 −18.4、07年度 −13.8、08年度 −7.3、09年度1.7、10年度13.2、11年度19.6億ドル）。つまり2011年度のわずか3年前までは、過去の累積赤字すら解消できていないAccumulated loss（欠損金）企業だったのです。
　Retained earningsは、2006年度の−18.4億ドルから2011年度は19.6億ドルです。たった5年度で、40億ドル近い利益を内部留保したことになります。AmazonはApple同様に配当金を支払わない企業なので、5年度で稼いだNet income（純利益）の合計とほぼ一致していることも確認できます。
　BSのなかで、2011年度の数値が売上の449より大きいものを順に挙げると、次のとおりです。

　Total stockholders' equity 1,800 ⇒ Goodwill 1,003 ⇒ Fixed assets 967 ⇒ Accounts receivable 644 ⇒ Accounts payable 614 ⇒ Inventories 569 ⇒ Accrued expenses and other 524 ⇒ Cash and cash equivalents 516

　Total stockholders' equity（株主資本）の中身を見ると、Common stock（資本金）やAdditional paid-in capital（資本剰余金）はそれほど伸びていません。よって、この4年間は増資ではなく、内部留保の蓄積によって、Stockholders' equityが急成長を遂げたことになります。
　Goodwill（のれん）はM&Aによって発生するもので、Amazonは2009年にGoodwillが225から633に一気に増えています。これは、同年度に実施したZappos.com（靴や洋服のネット販売サイトを運営）のM&Aの影響が大です。
　なお、Zapposの買収は、現金だけでなく新株発行による株式交換も行ったため、巨額のCash Flowは発生していません。2009年のAdditional paid-in capitalが急増しているのは、そうした背景もありました。
　Goodwillに比べると、一般的には売上成長に合わせた安定成長を見せるのがFixed assets（固定資産）です。ところがAmazonはどうでしょう。Amazonの

Fixed assetsは、Stockholders' equity（実質的にはRetained earnings）、Goodwillに次いで3番目に大きな成長科目ですが、2010年度以降に一気に急増していることがわかります。

　Amazonの場合は小売業、かつネット上のバーチャル企業なので、従来は固定資産の伸び率はそれほど大きなものではありませんでした。ところが、先に触れたように、2010年度以降はTechnology infrastructureやFulfillment and customer service（図表6-6を参照）への投資を拡大したため、急な増加を見せたというものです。

　実質キャッシュに相当するCash and cash equivalents（現金及び現金同等物）とMarketable securities（有価証券）の合計も売上以上の成長です。借入金を返済しても余りあるほどのキャッシュを稼ぎ出したことになります。

　Accounts payable（買掛金）、Accounts receivable（売掛金）も、売上成長に合わせて着実に伸びています。さらにInventories（棚卸資産）の伸びもAccounts payableに比べれば抑えられています。このことから、在庫が増えたので買掛金が増えているというだけではなく、平均支払サイトの長期化も買掛金の大幅増、ひいてはキャッシュの大幅増に寄与していると見ることができるでしょう。

　2010年度のAmazonのアニュアルレポートでは、「Selected Consolidated Financial Data」（主要な連結財務データ）として、過去5年度の主な数値の推移が記されています。CF計算書に関するデータとして開示されているのが、先の図表6-12のCash Flow Statementの部分（下段）です。

　営業CFから、Purchases of fixed assets, including internal-use software and website development（内部使用のソフトウェア及びウェブサイト開発を含む固定資産の購入）のみを差し引いて、FCFを計算しています。つまり、余剰資金の投資活動は省いて、あくまでビジネスのみにフォーカスしたFCFを計算し、それを表しているのです。2006年から2011年まで、営業CFは一貫して成長しているのに対して、2010年以降は固定資産への投資拡大から、FCF

も減少に転じていることが確認できます。

　Amazonは決算説明会や株主総会などの大切な局面で、この方法で計算したFCFの推移に必ず言及しています。それくらい、FCFはAmazonの企業ゴールや事業モデルにベストフィットした経営指標なのでしょう。

　Amazonは「私たちの財務目標は、長期的かつ持続的な1株当たりフリーキャッシュフロー（FCF）の成長」と語っていると先に紹介しました。目標としている以上は、それを一貫した言語として自社を語り続けているのです。Amazonの企業経営は長きにわたって一貫したものであり、それはステークホルダーからの信頼の獲得に結びつくものです。

STEP 9 事業セグメント情報を読む
Read Business Segment Information

　Amazonのセグメントは事業別ではなく、地域別で開示されています。Amazonは4つの主要顧客（一般消費者、小売業者、企業・組織、コンテンツ・クリエーター）に対してサービスを提供することは、企業ゴールにありました。それらは顧客の違いであると同時に、サービスの違いでもあります。小売業者はAmazonのシステムを使って自社の商品を販売するし、企業・組織はAmazonのAWS（Amazon Web Services）を利用して自分のシステムインフラを管理するのです。そう考えると、Amazonのセグメントは顧客層別（＝サービス別）で分けるのがむしろ筋とも思えます。

　マネジメントアプローチ、つまり経営者と同じ目線でセグメントを開示するのは、日本でも海外でも大原則です。Amazonも、企業内では地域もさることながら、顧客層別の売上や利益管理をしっかり行っていることでしょう。ただし、Amazonの事業の大部分の売上、利益は、現在のところ一般消費者からのものであるのも事実です。他の3つの顧客層は規模的にはまだまだ小さなものです。今後、後者3つの顧客層が拡大するにつれて、セグメントの開示の仕方

が変わる可能性は十分あるでしょう。

　地域別と言っても、AmazonはNorth America（北米）とInternational（北米以外）の2つだけの開示です。アニュアルレポート上にあるセグメントの各情報をまとめて主要指標を計算したのが図表6-13です。何ともあっさりしたセグメント情報ですが、次のような点を指摘することはできます。

- 売上と営業利益はNorth AmericaとInternationalで、おおむね6：4の関係にある
- 資産は全社の6割超、減価償却費と固定資産は8割近くがNorth Americaで占めている
- ROAは、North Americaが5.7％であるのに対してInternationalは7.3％と、Internationalが勝る。売上高営業利益率ではNorth Americaが若干上回るものの、資産回転率は約1倍の開きがある。資産回転率の差は、固定資産への投資がNorth Americaに集中していて、それをInternationalセグメント事業に流用していることを示唆している

　Amazonはさまざまな情報をとてもわかりやすく開示していますが、この事業セグメント情報だけは、さして有益とは思えません。4つの顧客層に対する4つの主要サービスが大切だとしているのならば、たった2つの地域別ではなく、より詳細なサービス別に開示すべきではないでしょうか。いまは開示義務も発生しない規模ですが、将来そうなったときこそ、Amazonが目指している4つの主要顧客に対してEarth's most customer-centric company（地球上でもっともお客様を大切にする企業）の実現が成されたときなのかもしれません。

図表6-13　Amazonの事業セグメント情報

Amazonの開示情報

in millions of US$（百万ドル）, Year Ended December 31, 2011

	North America 北米	International 北米以外	Total 合計
Net sales 売上高	26,705	21,372	48,077
Segment operating expenses 営業費用	25,772	20,732	46,504
Segment operating income 営業利益	933	640	1,573
Total assets 総資産	16,461	8,817	25,278
Fixed assets 固定資産	3,413	1,004	4,417
Depreciation expense 減価償却費	795	239	1,034

計算できる指標一覧

売上高構成比	55.5%	44.5%	100%
営業利益構成比	59.3%	40.7%	100%
資産構成比	65.1%	34.9%	100%
減価償却費構成比	76.9%	23.1%	100%
固定資産構成比	77.3%	22.7%	100%
ROA	5.7%	7.3%	6.2%
売上高営業利益率	3.5%	3.0%	3.3%
資産回転率	1.62	2.42	1.90
売上高減価償却費率	3.0%	1.1%	2.2%

出所：Amazon 10-K

ケース・クロージング

Case Closing

　この章のケース・オープニングで掲げたAmazonの決算書分析の目的は、次のようなものでした。

「Steve Jobs氏の後継者の1人として名前が挙がるJeff Bezos氏。彼が経営するAmazonを決算書から理解することで、次世代のインターネット革命の方向性を探る」

　著者がAmazonの経営を思い、それが決算書に表れているといつも感じさせられる3つのキーワードは、Consistency（一貫性）、Long-term（長期的視座）、そしてBusiness evolution（事業の進化）です。
　Consistency（一貫性）は、2010年度までの3年度のProfitability（収益性）が一貫してブレていないことに明確に表れています。ネット販売のDe-facto standardを取ったからには、少しずつ低価格戦略から離れていくことも十分できたはずです。でも、それは自社の企業ゴールには反する道。顧客からの信頼を失うことにもなりかねません。成長によって自社が獲得し続ける優位性を、低価格、利便性、サービスなど、さらなる顧客メリットというかたちで徹底して還元し続けたのです。
　Amazonは顧客からの信頼をますます勝ちとり、結果としてそれは株価の上昇として株主貢献にも結びついていきました。こうした推移を、黒字になってから言いはじめたのではなく、巨額の赤字を計上し続けていた1990年代から主張し続けてきたJeff Bezos氏の一貫性には、敬服するところです。
　これは2つめのキーワードである、Long-term（長期的視座）に結びつくものです。上記の趣旨をいくら説いても、当時赤字を計上し続けるAmazonに対して、アナリストからの評価は容赦ないものでした。それに反抗するように、1997年のアニュアルレポートのLetter to shareholders（株主への手紙）では、Long-termという言葉をわずか3ページで8回も使って、自社の長期的視座に立った経営を説いています。

見事自分の主張どおりに成長する黒字企業となったAmazonです。Bezos氏はアナリストの批判がよほど悔しい経験だったのか、それから10年以上たった現在でも、毎年のアニュアルレポートにこの1997年のLetter to shareholdersを張り付けています。その前置きとしての1行が以下です。

As always, I attach a copy of our original 1997 letter. Our approach remains the same, and it's still Day 1.
いつものように、1997年の株主への手紙を原型のまま添付します。私たちのアプローチは変わることはないのです。そしてまだ始まったばかり（Day 1）なのです。

Steve Jobs氏は、1度Appleから解雇されたという経歴が有名ですが、AmazonのJeff Bezos氏にとっては、1990年代の容赦ない外部からの批判が、Amazon成長の原動力になっていったのかもしれません。
また、Bezos氏は、このLetter to shareholdersのなかで、自社の経営方針について、以下のように語っています。

When forced to choose between optimizing the appearance of our GAAP accounting and maximizing the present value of future cash flows, we'll take the cash flows.
（会計上の利益の最適化と、長期的な視点に立った将来CFの現在価値のどちらを優先するのだと問われれば、我々は後者を選ぶであろう。）

2008年から2010年度まで、じつに安定した売上と利益の成長を果たしたAmazonは、2011年に大幅な増収と大幅な減益に終わりました。Bezos氏が1997年に語った上記の言葉がいまも変わらないとするなら、2011年の大幅減益こそ、Amazonが長期的視座に立った、第2の創業ステージを開始したとい

うことになります。

　3つめのキーワード、それはBusiness evolution（事業の進化）です。ここまで見てきたように、Amazonは単なるネット上の書店ではありません。それは電化製品も売っているというレベルの話でもありません。自社の保有するシステムインフラを、Sellers（小売業者）やEnterprises（企業や組織）に貸与するという事業、すなわちクラウドビジネスを果敢に推進してきたという事実です。彼ら自身がユーザーとして創り上げてきたシステムインフラは、あらゆる面でユーザー視点に立った盤石なシステムです。

　こうしたBusiness evolution（事業の進化）をおそらく創業初期の頃からBezos氏は思い描いていたのではないでしょうか。著者にはそれが、iPod、iPhone、iPadというハードウェアを立て続けに発売する一方、iTunesの創設やアプリの一元管理、さらにはクラウド時代を見越した顧客やサービスの囲い込みを同時に図ったJobs氏と共通点を感じるところです。つまり、Long-term（長期的視座）で、Consistency（一貫性）な事業戦略を推進しながら、Business evolution（事業の進化）によって、絶対の優位性を築き上げていくのです。

　このようなBezos氏のビジョンによって成り立つAmazonであるため、10-K上のRisk factors（リスク条項）でも、Bezos氏への依存について固有名詞にまで言及して記されています。

> The Loss of Key Senior Management Personnel Could Negatively Affect Our Business.
>
> We depend on our senior management and other key personnel, particularly Jeffrey P. Bezos, our President, CEO, and Chairman. We do not have "key person" life insurance policies. The loss of any of our executive officers or other key employees could harm our business.
>
> 主要な経営陣の喪失は、われわれの事業に負の影響を及ぼす。
>
> われわれは、経営トップ層と数名の主要な人物、なかでも社長兼CEO兼会

長のJeffrey Bezos氏に依存している。われわれは主要人物のための生命保険には加入していません。こうした人物の喪失が起きると、われわれの事業に悪影響を及ぼす可能性がある。

　Bezos氏は1994年のAmazon創業から18年たった2012年でも、Day 1（まだ始まったばかり）だと言っています。社屋の名前すら「Day 1」と言うそうです。18年前にBezos氏が信じていたことが真実になったように、おそらく今から18年後のIT社会から今を振り返れば、やはりそれはDay 1にすぎないのでしょう。Bezos氏のDay 2、Day 3には、いったいどんなIT革命が描かれているのでしょうか。
　私たちには想像もできない姿なのかもしれませんが、Amazonの一挙手一投足を追い続けることは、少なくともその鍵を解くヒントへとつながるはずです。Amazonが発表する四半期の決算数値や決算書類を読み続けることで、次世代のインターネット革命の方向性を探り続けることはできるのです。

Let's Try

　ECサイトを運営する中国最大手はAlibaba Group（阿里巴巴集団）です。Amazonのような自ら在庫を抱えるビジネスではなく、ECサイトを提供する、言わばネット上のショッピングモールの運営企業です。在庫商売ではないので、おのずと利益率等はAmazonより優れているはずですが、利益額の水準はどうでしょうか。検索サイトから「Alibaba investor relations」と検索して、同社の決算書を入手してみましょう。そして、営業利益、当期純利益の金額の水準やその成長率が、Amazonに匹敵しうるものかを分析してみてください。

ブレイクタイム……7
Tips on Accounting in English

洗練された英語表現を身につけよう（表現編）

　今度は、会計数値や事業計画を語る際によく出てくる、代表的な形容詞（Adjective）、副詞（adverb）、名詞（noun）の別の言い回しを紹介しましょう。

1. 肯定的な言葉（大きい／良い／高い／多い）

【連発しそうな言い回し】
　　big、correct、enough、full、great、good、high、huge、large、long、many、much、nice、over、positive、strong、wide

【もっと洗練された表現】
　　abounding（豊富な）、abundant（豊富な）、adequate（十分な）、affluent（豊富な）、ample（あり余る）、appropriate（適切な）、complete（完全な）、decent（結構な）、distinct（はっきり異なった）、distinguished（際立った）、effective（効果的な）、enormous（巨大な）、excellent（優れた）、extensive（大規模な）、firm（確固たる）、frequent（頻繁に）、innumerable（数え切れないほどの）、magnificent（壮大な）、major（大きい、多い）、massive（巨大な）、numerous（数え切れないほどの）、plentiful（あり余る）、plenty（豊富な）、primary（主要な）、promising（前途有望な）、rich（豊かな）、satisfactory（満足のいく）、sound（健全な）、steady（しっかりした）、substantial（相当な）、sufficient（十分な）、superior（優れた）、tremendous（途方もない）、unlimited（無制限な）、vast（巨大な）

2. 否定的な言葉（小さい／悪い／低い／少ない）

【連発しそうな言い回し】
　　bad、empty、few、hard、little、low、negative、poor、short、slim、small、ugly、under、weak、wrong

【もっと洗練された表現】
　　deficient（不足した）、grave（深刻な）、inadequate（不十分な）、

inappropriate（不適切な）、incomplete（不完全な）、indistinct（はっきりしない）、inferior（劣った）、infrequent（めったに起きない）、insubstantial（ごくわずかな）、insufficient（不十分な）、lean（乏しい）、limited（限られた）、minor（小さい、少ない）、narrow（狭い）、petty（わずかな）、scanty（乏しい）、spare（乏しい）、unsound（不健全な）、unsatisfactory（満足できない）

3. 大切な／重要な
【連発しそうな言い回し】
important、precious
【もっと洗練された表現】
critical（重大な）、essential（本質的な）、indispensable（欠くことのできない）、integral（なくてはならない）、invaluable（計り知れないほど）、irreplaceable（代わりがきかない）、mandatory（必須の）、necessary（必要な）、priceless（値段がつかないほどの）、required（必須の）、valuable（価値のある）

4. 簡単な
【連発しそうな言い回し】
basic、easy、simple
【もっと洗練された表現】
elementary（初歩的な）、facile（手軽な）、hands-down（実践的な）、light（軽い）、plain（飾りけのない）、straightforward（単刀直入な）、uncomplicated（複雑でない）

5. 困難な
【連発しそうな言い回し】
difficult、hard、tough
【もっと洗練された表現】
annoying（気に障る）、complex（複雑な）、complicated（複雑な）、cumbersome（やっかいな）、fraught（悲惨な）、frustrating（苛立たしい）、harsh（手厳しい）、laborious（骨の折れる）、serious（相当な）、severe（厳しい）、troublesome（やっかいな）

6. とても（副詞）

【連発しそうな言い回し】
　greatly、really、totally、very much、very well

【もっと洗練された表現】
　absolutely（絶対に）、abundantly（豊富に）、awfully（恐ろしく）、badly（ひどく）、completely（完全に）、critically（重大に）、definitely（決定的に）、drastically（大々的に）、enormously（巨大に）、extensively（大規模に）、extremely（極度に）、firmly（確固として）、fully（完全に）、gravely（厳かに）、harshly（厳しく）、integrally（完全に）、largely（大いに）、magnificently（壮大に）、perfectly（完全に）、positively（前向きに）、rigorously（厳格に）、seriously（重大に）、severely（厳しく）、steadily（しっかりと）、strongly（強く）、substantially（相当に）、tremendously（途方もなく）、vastly（大いに）

7. 目標（名詞）

【連発しそうな言い回し】
　aim、dream、goal、plan、purpose、target

【もっと洗練された表現】
　aspiration（大志）、challenge（挑戦）、desire（願望）、destination（目的地）、determination（決意）、direction（方向）、mission（使命）、objective（目的）、vision（展望）

◉―あとがき

　6章にわたって、6つの企業の英語の決算書を読んできました。読者の皆さんは、どのケースに一番興味を持たれたでしょうか。

　できるだけ異なった決算書を見ることができるように、会計基準はIFRS（H&M、ArcelorMittal）と米国会計基準（Blockbuster、Apple、Walt Disney、Amazon.com）、業種は小売業（H&M、Amazon.com）、製造業（ArcelorMittal、Apple）、そしてサービス業（Blockbuster、Walt Disney）と、趣の異なるケース企業を選択しました。

　それぞれの企業を選択したのにも理由があります。仮に読者の皆さんが仕事で海外企業の決算書を分析するならば、そこには何らかの利害が生じている、あるいは事業モデルを参考にしたいなどといった動機があるはずです。そこで、昨今の国内企業に起きたさまざまな事象を解明するための手段として、海外企業の決算書を見ていくことにしたのです。具体的には、次のとおりです。

[1] ファーストリテイリングが英語を社内の公用語にするのはなぜ？
　　→→→アパレル小売世界最大手の1社、H&Mの決算書を入手して考える。
[2] 国内鉄鋼大手の2社が合併を目指すのはなぜ？
　　→→→鉄鋼世界最大手、ArcelorMittalの決算書を入手して考える。
[3] カルチュア・コンビニエンス・クラブが上場廃止したのはなぜ？
　　→→→レンタルDVD米国最大手、Blockbusterの破綻に至る決算書を入手して考える。
[4] 多くの国内企業に競争環境のダイナミックな変化をもたらしたのは誰？
　　→→→世界時価総額No.1企業、Appleの決算書を入手して考える。

［5］震災の打撃を受けた千葉県浦安市に一極集中するOLCの今後の展望は？
　　→→→OLCのライセンスパートナー、Walt Disneyの決算書を入手して考える。
［6］次世代のインターネット革命の方向性はいかに？
　　→→→"Next Steve Jobs"候補の1人、Jeff Bezos氏が経営するAmazonの決算書を入手して考える。

　海外企業の決算書の分析がすべての答えを教えてくれるわけではありません。それでも、国内の自分の周辺だけで思いめぐらせているより、はるかに視野を広げ、一段と高い視座から物事に向き合う機会を与えてくれるはずです。
　各章末には、ブレイクタイムとして、Tips on Accounting in Englishと題し、会計や数字、さらには洗練された英語表現について、簡単にまとめてあります。まったくゼロから独学で英語を学んできた著者ですから、できるだけ「日本人のかゆい所に手が届く」内容にまとめたつもりです。ページ数の制約から、深みには若干欠けますが、ブレイクタイムも少しでも読者のお役に立てれば幸いです。

　第1章で取り上げたファーストリテイリングとともに、英語の社内公用語化を強力に推進している日本企業は、楽天です。楽天の三木谷浩史会長兼社長はインタビュー（「日経ビジネス」2012年2月20日号）のなかで、こんなことをおっしゃっています。

　　公用語化の正式移行に向けて、現場はものすごいですよ。朝の7時に社内のカフェテリアに顔を出すとみんなチームを組んで勉強していますから。僕はこれが成功したら、私の日本に対する最大のコントリビューション（貢献）じゃないかと思うんですけどね。これができたら、日本人の考え方、感覚も変わるでしょう。そういう影響を与えられればと思っています。

楽天の三木谷社長と比べれば小さなスケールではありますが、私も書籍や研修・セミナーを通じて、日本人が英語の決算書を読み、英語でビジネスを行うためのスキル向上の機会を提供することで、微力ながら貢献していきたいと考えています。本書はそのための第一歩です。壮大なテーマではありますが、何事もまずは一歩からスタートするはずです。

　これまで早稲田大学以外でも、英語のみで会計を学ぶセミナーを、日本人の社会人対象に実施してきました。そうした機会を通じて実感したのは、あらゆるビジネスの現場で必要とされる、「英語の決算書を読むスキル」を、多くの日本人が求めているのだということです。終了後のアンケートでは、「もっと英語でディスカッションしたかった」「さらなるアドバンスクラスの計画は？」といった、いつも前向きなコメントばかりです。

　個人の方々の間では、すでにそうした一段と高いレベルで、かつ実用的な英語スキル獲得への必要性や意識が高まっているのは間違いないのです。それが、楽天に見られるような、機会さえ与えられれば伸びる人は自ら伸びる、という現象を生み出すのでしょう。

　本書の冒頭に掲げた、「会計は英語のほうがラクに覚えられる」「グローバル化に不可欠な、会計と英語を同時に学びましょう」という私の信念を、本書を通じて感じていただくことはできたでしょうか。本書を読まれた読者の皆さんが、さっそく「自社の周辺にある海外の顧客や競合の決算書を、アニュアルレポートや10-Kから英語の原文で読んでみよう」と行動を起こすことにつながれば、著者としてはこの上ない喜びです。すぐに周辺にそうした企業が思い浮かばない方のために、各章末に類似する企業をLet's Tryとして掲載しています。興味のある企業から、まずはインターネットで決算書を入手するところから始めてみてください。

　早稲田大学大学院商学研究科ビジネススクールでは、2006年から6年間、累

計230名の留学生に英語で会計を指導してきました。日本の学生に比べればそこは留学生、容赦ない質問や意見をぶつけてきます。そうしたインタラクティブなやり取りは、日本人も同じ水準で議論できないと本当に置いていかれるぞ、という危機意識を私に植えつけ、本書を執筆する動機の1つとなっています。こうした機会を与えてくださる、早稲田大学並びに留学生たちに感謝です。

　私は毎年30社ほどの企業を訪問し、社内研修の場で、社会人学生に対して会計・財務を日本語で指導し、ディスカッションを行っています。そうした現場のやり取りから生じるさまざまな物事の見方が、本書の随所に活かされていることは言うまでもありません。これまで教室の場で出会ったすべての社会人学生に対して、深く敬意を表します。

　本書はダイヤモンド社から出版する3冊目の書籍となります。これまで同様にダイヤモンド社の小川敦行氏に編集・ご助言をいただきました。「英語と会計」という新しい切り口での執筆のため、執筆が滞ることも途中何度かあったものの、最後まで辛抱強く激励いただいたことに、深く感謝します。

　最後に、この場をお借りして、いつも支えてくれる家族と両親に心よりの感謝の意を表します。

2012年3月

大津広一

[著者]
大津広一（おおつ・こういち）
米国公認会計士
1989年、慶應義塾大学理工学部管理工学科卒業。米国ニューヨーク州ロチェスター大学経営学修士（MBA）。富士銀行、バークレイズ・キャピタル証券、ベンチャーキャピタルを経て、2003年に株式会社オオツ・インターナショナルを設立。企業戦略や会計・財務のコンサルティングを行う。また、大手メーカー、金融機関、流通、サービス、外資系企業など年間30社に対して、アカウンティングとコーポレートファイナンスの教育講師を務める。中央大学アカウンティングスクール講師、グロービス・マネジメント・スクール講師を歴任し、現在は早稲田大学ビジネススクール（経営管理研究科）客員教授。早稲田大学では、2006年より毎年40名の留学生に英語で会計を指導している。
著書に『企業価値を創造する会計指標入門』『戦略思考で読み解く経営分析入門』『会計プロフェッショナルの英単語100』（以上、ダイヤモンド社）、『ビジネススクールで身につける会計力と戦略思考力』『ビジネススクールで身につけるファイナンスと事業数値化力』（以上、日経ビジネス人文庫）がある。

◆株式会社オオツ・インターナショナル　http://www.otsu-international.com/

英語の決算書を読むスキル
──海外企業のケーススタディで基礎と実践をおさえる

2012年 4 月19日　第 1 刷発行
2016年11月 2 日　第 5 刷発行

著　者──大津広一
発行所──ダイヤモンド社
　　　　　〒150-8409　東京都渋谷区神宮前6-12-17
　　　　　http://www.diamond.co.jp/
　　　　　電話／03・5778・7234（編集）　03・5778・7240（販売）

装幀・造本──竹内雄二
本文DTP──桜井淳
製作進行──ダイヤモンド・グラフィック社
印刷────勇進印刷（本文）・慶昌堂印刷（カバー）
製本────宮本製本所
編集担当──小川敦行

©2012 Koichi Otsu
ISBN 978-4-478-01794-4
落丁・乱丁本はお手数ですが小社営業局宛にお送りください。送料小社負担にてお取替えいたします。但し、古書店で購入されたものについてはお取替えできません。
無断転載・複製を禁ず
Printed in Japan

◆ダイヤモンド社の大津広一の著作◆

企業価値を創造する会計指標入門
10の代表指標をケーススタディで読み解く

経営の視点からの会計を有名企業の事例で解説！
各指標の読み方から経営目標に掲げる意義、分析のフレームワークまで、実務と経営分析に求められる知識を体系的に網羅した決定版。

【本書の掲載指標とケース企業】
ROE（武田薬品工業）、ROA（ウォルマート・ストアーズ）、ROIC（日産自動車）、売上高営業利益率（ソニー）、EBITDAマージン（NTTドコモ）、フリーキャッシュフロー（アマゾン・ドット・コム）、株主資本比率（東京急行電鉄）、売上高成長率（GE）、EPS成長率（花王）、EVA（松下電器産業）。

大津広一著●A5判上製●定価（本体3600円＋税）

戦略思考で読み解く経営分析入門
12の重要指標をケーススタディで理解する

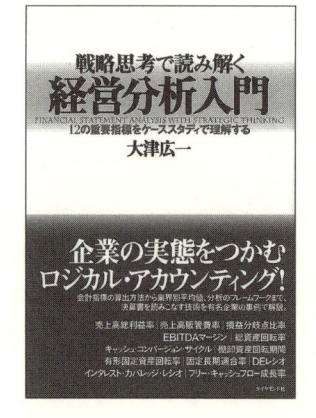

企業の実態をつかむロジカル・アカウンティング！
会計指標の算出方法から業界別平均値、分析のフレームワークまで、決算書を読みこなす技術を解説。

【本書の掲載指標とケース企業】
売上高総利益率（任天堂）、売上高販管費率（資生堂）、損益分岐点比率（ソニー）、EBITDAマージン（日本たばこ産業）、総資産回転率（東日本旅客鉄道）、キャッシュ・コンバージョン・サイクル（メディセオ・パルタックホールディングス）、棚卸資産回転期間（キヤノン）、有形固定資産回転率（オリエンタルランド）、固定長期適合率（イオン）、DEレシオ（キリンホールディングス）、インタレスト・カバレッジ・レシオ（新日本製鐵）、フリーキャッシュフロー成長率（ヤフー）。

大津広一著●A5判上製●定価（本体3200円＋税）

http://www.diamond.co.jp